U0615413

逻辑模型

思考、表达、写作逻辑精进图鉴

[日] 西村克己 著

中国青年出版社
CHINA YOUTH PRESS

中青文传媒

图书在版编目（CIP）数据

逻辑模型：思考、表达、写作逻辑精进图鉴 /（日）西村克己著；金香兰译.
—北京：中国青年出版社，2021.3
ISBN 978-7-5153-6151-2

Ⅰ.①逻… Ⅱ.①西…②金… Ⅲ.①语言表达 – 通俗读物 Ⅳ.①H0-49

中国版本图书馆CIP数据核字（2020）第150745号

RONRI SHIKO TAIZEN
Copyright © 2019 by Katsumi NISHIMURA
All rights reserved.
First original Japanese edition published by PHP Institute, Inc., Japan.
Simplified Chinese translation rights arranged with PHP Institute, Inc.
through Bardon-Chinese Media Agency
Simplified Chinese translation rights © 2021 by China Youth Press.
All rights reserved.

逻辑模型：思考、表达、写作逻辑精进图鉴

作　　者：〔日〕西村克己
译　　者：金香兰
插　　图：樱井胜志
策划编辑：刘　吉
责任编辑：林　鸿
文字编辑：方荟文
美术编辑：杜雨萃
出　　版：中国青年出版社
发　　行：北京中青文文化传媒有限公司
电　　话：010-65511270 / 65516873
公司网址：www.cyb.com.cn
购书网址：zqwts.tmall.com
印　　刷：北京诚信伟业印刷有限公司
版　　次：2021年3月第1版
印　　次：2021年3月第1次印刷
开　　本：880×1230　1 / 32
字　　数：108千字
印　　张：9
京权图字：01-2020-1113
书　　号：ISBN 978-7-5153-6151-2
定　　价：59.00元

版权声明

未经出版人事先书面许可，对本出版物的任何部分不得以任何方式或途径复制或传播，包括但不限于复印、录制、录音，或通过任何数据库、在线信息、数字化产品或可检索的系统。

中青版图书，版权所有，盗版必究

"不按照上司传达的指示行动。"

"没有灵感，所以想不出有趣的点子。"

"工作太繁琐，不知从何入手。"

"左思右想，却一筹莫展。"

……

大多数正在看本书的读者，是不是都经历过这种烦恼呢？

我们的工作（或生活）就是在解决此类或多或少都会存在的问题。

这些问题不会自行消失，反而会不断产生新的问题来困扰你。

"解决问题"是咨询顾问的专业，而咨询顾问是我赖以生存了30年的职业，这段经历佐证了商务场景就是解决一系列问题的过程。

我接触过很多不同年龄层且价值观不同的人群，比如职业顾问、经营团队、现场工程师，以及接受公司培训的新员工等。

在与背负各种烦恼的职场人士接触的过程中，我发现，除了一些专业性极强的岗位，其他领域大多数职场人士的烦恼其实都是共通的。而且，他们都没有充足的时间去直面这些问题。

与此同时，也有看似无忧无虑、善于表现的所谓"精明能干的人"，这也是事实。

比如，他能够让上司和下属刮目相看，能够提出别出心裁的想法，能够轻松地处理比别人多的工作，原始见终，敢于当机立断……以上都是"精明能干的人"具备的能力。

这种"精明能干的人"并非原来就拥有聪明的头脑，也不是机缘巧合碰上自己擅长的工作。他们共通的能力就是本书的主题——逻辑思考（Logical Thinking）能力（本书中讲述的"逻辑思考"是理工科出身的人也没有学习过的）。

对于困扰大家的问题，其实没有绝对正确的答案。并且，为了解决这些不知答案的问题，仅凭掌握的知识或简单的思考是远远不够的。我们需要抓住潜藏于问题背后的"根本原因"，并在有限的时间内选择能够取得最大效果的解决方法，同时还要学会用简洁的语言表达，调动人的积极性。

为了解决这些复杂且不知答案的问题，最有用的工具就是"逻辑思考"。进一步说，仅仅"了解"逻辑思考是不够的，重要的是能"运用自如"。

因此，本人从过去的拙著中选取了一些"卓有成效"的内容，将逻辑思考的精髓总结在了此书中。

在第一部分中，本书介绍了最基本的"思考逻辑"，第二、第三部分中介绍了作为实践篇的"表达逻辑"和"写作逻辑"。

本书除了介绍以MECE分析法[①]、逻辑树、金字塔结构等三大要素为主的逻辑思考技巧，还浓缩了商务谈判心理、创建策划书模板等方法，以达到"活学活用"的目的。

这本书包罗万象，全部是逻辑思考的精华，如果您没有时间按顺序阅读全书，那么请优先阅读以下的重要技巧概括作为参考。通过图像模式来捕捉逻辑思考的结构，应该也有助于整理思路。

显然，逻辑思考并不是顾问等部分职场人独有的技能。实际上，它被广泛认为是职场人士的硬技能。然而，感觉有很多人因"似懂非懂"而搞错了逻辑的使用方法，换言之就是混淆了逻辑性和讲大道理的概念（关于这两者的区别，敬请阅读正文）。

最后再补充一句，越是"精明能干的人"越喜欢挑战，并享受着困难又复杂的局面。他们之所以能迎难而上，就是因为他们已明确了自己"想做的事"。

每当陷入各种困境时，请反复阅读这本书，做到学以致用。这样不仅可以镇定自若地应对各种商务场合，也可以让自己的思路变得更加清晰，对自己的行为有更全面的把握。

---

① MECE 是 Mutually Exclusive Collectively Exhaustive 的缩写，意为"相互独立，完全穷尽"。也就是对于一个重大的议题，能够做到不重叠、不遗漏的分类，而且能够借此有效把握问题的核心，并找到有效解决问题的方法。——译者注

如果这本书能帮助你掌握商务沟通技巧，丰富你的人生阅历，使你获得"终身受益的技能"，就没有比这个更让我高兴的事情了。

西村克己

逻辑树
信息整理法
（用 MECE 分析法，以分层的
形式整理信息的方法）
→第一部分：09

金字塔结构
说服力的结构形态
（想、写、说）
→第二部分：35

框架
结构
（用 MECE 分析法进行分类）
→第一部分：08

三角逻辑
支撑金字塔结构的逻辑结构
（观点、论据、数据等）
→第一部分：02

MECE
没有遗漏和重复的状态（整体性）
→第一部分：07

目 录

第一部分　思考逻辑

第二部分　表达逻辑

第三部分　写作逻辑

第一部分

思考逻辑

"逻辑性"与"讲大道理"的区别

是否能讲出让他人信服的理由

● 合乎逻辑与不合逻辑的情况

混淆"逻辑性"与"讲大道理"这两个概念的情况似乎非常多。虽然"逻辑性"与"讲大道理"都基于理性的原则，但是有着本质的区别。

所谓逻辑性，是指对于听者和读者来说，陈述"很客观且条理清晰"，更容易让人信服。而所谓讲大道理，更多时候是"自以为很有道理"，尽管说者或作者自认为有根有据，但其实就是固执己见，在听者和读者看来，不过是胡说八道、强词夺理。比如，说者若只强调利己的理由，那么听者就会觉得他是一个"讲大道理"的人。

讲逻辑是比较注重客观事实的。所谓客观事实，就是任何人都不可否定的事实。如果自以为是，事实就变成了主观意识。

想要合理地"说服"对方，逻辑性是至关重要的。如果说者或作者仅罗列"不可信的理由""只对自己有利的理由"，是不可能说服听者和读者的。

逻辑性与非逻辑性的区别

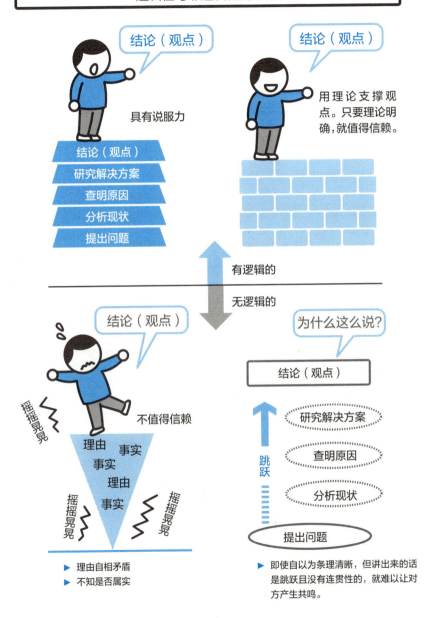

结论（观点）

具有说服力

结论（观点）
研究解决方案
查明原因
分析现状
提出问题

结论（观点）

用理论支撑观点。只要理论明确，就值得信赖。

有逻辑的

无逻辑的

结论（观点）

不值得信赖

摇摇晃晃

理由　事实
事实
理由
事实

摇摇晃晃　摇摇晃晃

▶ 理由自相矛盾
▶ 不知是否属实

为什么这么说？

结论（观点）

跳跃

研究解决方案

查明原因

分析现状

提出问题

▶ 即使自以为条理清晰，但讲出来的话是跳跃且没有连贯性的，就难以让对方产生共鸣。

● 明确得出结论或观点的过程后再思考

对于听者和读者来说，如果没有极具说服力的理由，仅传达结论和观点，也是不可信的。举个例子，如果社长宣布"我们公司需要组织变革"，这时，员工对组织变革的具体理由是一头雾水的。为什么社长会主张组织变革呢？如果不说明其理由，员工是无法理解和接受的。

说明理由时，如果表达得过于跳跃而缺乏逻辑，也无法准确地将信息传达给对方。所以，应把"之所以要变革"的理由加以补充，使听者和读者认同其观点，才能说是合乎逻辑的。

"逻辑性"这个词同时也包含"得出结论及观点的过程是明确的"之含义。从提出问题到得出结论或观点的过程（步骤），只有被听者或读者理解且可以解释给第三方听时，才称得上有逻辑。

逻辑性与非逻辑性的区别

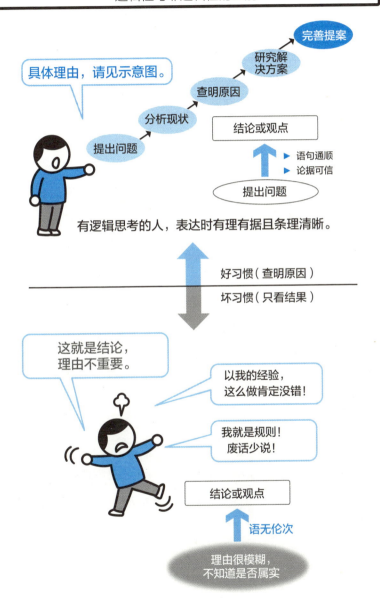

完善提案

研究解决方案

查明原因

分析现状

提出问题

具体理由，请见示意图。

结论或观点

▶ 语句通顺
▶ 论据可信

提出问题

有逻辑思考的人，表达时有理有据且条理清晰。

好习惯（查明原因）

坏习惯（只看结果）

这就是结论，理由不重要。

以我的经验，这么做肯定没错！

我就是规则！废话少说！

结论或观点

语无伦次

理由很模糊，不知道是否属实

用三角逻辑阐明观点

逻辑思考的三大要素为"观点""论据""数据"

◯ 三角逻辑展示了逻辑性思考的三大要素

通常用三角逻辑来表示逻辑的三大要素之间的关系。所谓三角逻辑，就是"观点""论据""数据"之间保持协调一致。观点是指，话题的结论、提案或意见、推论。论据是指，佐证观点的原理、原则、规律、普遍倾向、常识等的附加理由。数据是指，证实观点的客观统计的数据与事实、具体案例等。

做了大量阐述，但是听者不断产生"到底想要表达什么？"的疑问，多数情况下是讲话人的观点不够明确造成的。另外，有时即使观点明确也难以让人理解和认同，多数情况下是因论据和数据含糊不清，不足以构成支撑其观点的证明材料而造成的。

如果支撑观点的论据和数据没有可信性或是模棱两可、牵强无力，那是不可能说服他人的。

用三角逻辑将观点、论据和数据结合起来

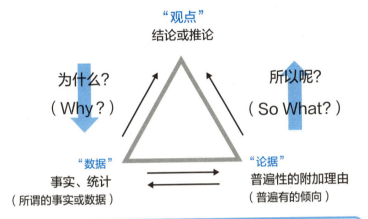

"观点"
结论或推论

为什么?
（Why?）

所以呢?
（So What?）

"数据"
事实、统计
（所谓的事实或数据）

"论据"
普遍性的附加理由
（普遍有的倾向）

> 观点　指话题的结论、提案或意见、推论
> 数据　指证实观点的客观统计数据与事实、具体案例等
> 论据　指原理、原则、规律性、普遍倾向、常识等的附加理由
> 　　　注：但是，如果数据和论据不可信的话，观点是不会被认可的

不会被认可的表达方式

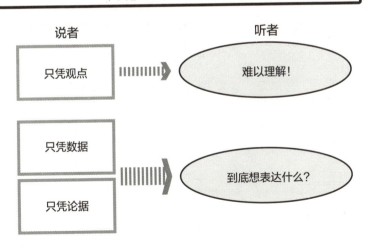

说者　　　　　　　　　　　　听者

只凭观点　　➡️　　难以理解!

只凭数据

只凭论据　　➡️　　到底想表达什么?

⬡ 如果观点、数据、论据不足，就很难传达到位

三角顶点的观点与两个底边的论据和数据的关系是由"为什么？"（Why）"所以呢？"（So What）联系起来的。从上到下，即从观点连接论据和数据的关键词是"为什么"；从下到上，即从论据和数据连接观点的关键词是"所以呢"。

观点没有说服力时，说明支撑说服力的论据和数据不够充分。试着正确解释"为什么"吧。仅仅对现状进行说明，而不明确"到底想表达什么"时，需意识到准确传达观点的重要性。

为了更好地理解三角逻辑，我们以"力争当一名注册税务师"为例思考一下吧。把观点设定为"取得注册税务师资格证，开辟自己的未来"。为了佐证这个观点，要阐明注册税务师资格的吸引力。

作为论据，阐明掌握一门专业技能的必要性、独立创业的魅力所在、高收入的可能性。作为数据，阐明注册税务师的年平均收入高于普通上班族，随着创业公司的兴起、顾客需求日渐增多等统计数据。这样就足以说明取得注册税务师资格的吸引力。

同样，可以参考关于FX（炒外汇）的示例（请参照下一页的图表）。

【例题】力争当一名注册税务师

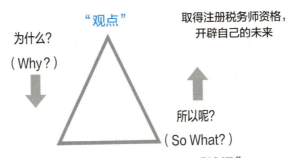

"观点"

取得注册税务师资格，开辟自己的未来

为什么？
（Why？）

所以呢？
（So What？）

"数据"
- ▶ 注册税务师的年平均收入比普通上班族的高
- ▶ 随着创业公司的兴起，顾客需求也日渐增多

"论据"
- ▶ 专业化的时代，要求掌握一门技能
- ▶ 如果有注册税务师资格，就可以独立创业
- ▶ 如果客户数量增加，年收入也会随之提高

【例题】通过 FX（炒外汇）赚些零花钱吧

"观点"

通过FX挑战一下赚零花钱也是一件有趣的事情

为什么？
（Why？）

所以呢？
（So What？）

"数据"
- ▶ 近几年，个人通过网络就可以轻松地做交易
- ▶ 手续费便宜（交易额1美元的手续费不足1分）
- ▶ 止损（设置损失额的上限）比较容易

"论据"
- ▶ 对世界经济的动态变得更加敏感
- ▶ 每天都在变化，可以刺激日常生活
- ▶ 几万日元就可以操作（但是毕竟是投资，所以要注意投资有风险，入市需谨慎）

逻辑思考总是从提问"为什么"开始

充分利用成功与失败的经验

◉ "为什么"是逻辑思考的关键词

培养逻辑思考习惯的捷径之一，就是经常问自己"为什么"。无论收到什么信息，都应该试着问一句"为什么"。

举个例子，A公司收购了其他竞争公司。为什么会收购呢？这其中隐藏着A公司的发展战略。另外，B公司正在快速发展，如果带着简单的疑问并展开调查，就更容易找出B公司快速发展的原因。

针对自己的工作，常常提出"为什么会成功？""为什么会失败？"的问题，也可以提高逻辑思考能力。了解了成功的原因，可以继续发扬光大；如果能分析出失败的原因，那么就不会重蹈覆辙了。

那些总是犯同样错误的人，如果学会自问"为什么会失败？"，也许就会得到改善。如果仍执迷不悟，认为只是运气欠佳，就会阻断逻辑思考。

想要有逻辑地思考问题，首先就不要怨天尤人，这才是明智的做法。

经常自问"为什么？"（Why？）

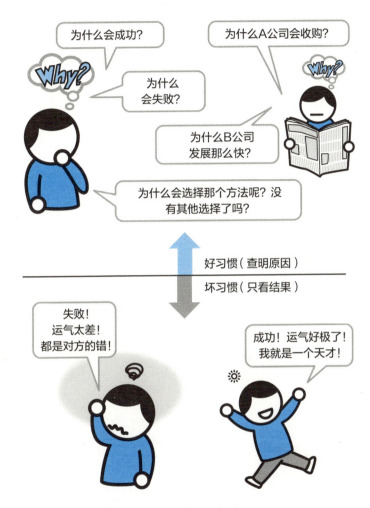

▶ 成功的原因是什么？失败的原因是什么？对这些原因的研究分析不足

▶ 无论是成功还是失败，都没有起到学习的效果

▶ 总是会犯同样的错误

⬤ 思考"为什么？"有助于查明其原因

为了从根本上解决问题，凡事提问"为什么？"是非常有必要的。治标不治本的做法，只会导致类似问题的反复发生。为避免一错再错，一定要查明其真正的原因，从而排除后患。

一直保持辉煌业绩的丰田汽车公司在教育员工时，也在强调"反复提问5次为什么，最后你会发现真正的原因"。通过"提问与回答"，反复自问"为什么？"有助于查明问题发生的原因，可避免重复犯错。

举个例子，为什么销售的电话总是那么多，通话时间那么长？通过逻辑思考可以得到一些提示。

通过思考"为什么"可以查明问题发生的原因

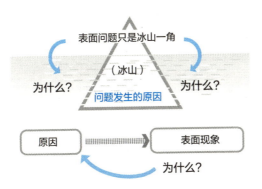

表面问题只是冰山一角

（冰山）

为什么？　　　问题发生的原因　　　为什么？

原因 ⟫⟫⟫ 表面现象

为什么？

通过思考"为什么"可以查明原因

思考解决"煲电话粥"的案例

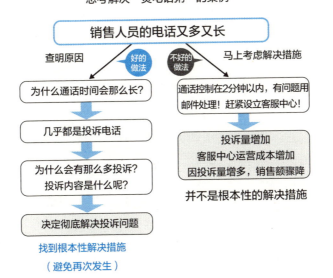

销售人员的电话又多又长

查明原因　　好的做法　　不好的做法　　马上考虑解决措施

为什么通话时间会那么长？

几乎都是投诉电话

为什么会有那么多投诉？
投诉内容是什么呢？

决定彻底解决投诉问题

找到根本性解决措施

（避免再次发生）

通话控制在2分钟以内，有问题用
邮件处理！赶紧设立客服中心！

投诉量增加
客服中心运营成本增加
因投诉量增多，销售额骤降

并不是根本性的解决措施

04

解决问题的基本步骤

避免钻牛角尖，视野要开阔

◉ 注意控制好情绪，不要钻牛角尖

如果情绪急躁，过于钻牛角尖，坚持"这就是唯一结论"的态度，就会阻碍逻辑思考。情绪急躁、钻牛角尖的行为属短见薄识，只能导致主观臆断。一味地想"简短地传达观点"时，往往会跳过三角逻辑中的论据和数据环节而过分强调观点。另外，焦躁不安的情绪会让你失去冷静、陷入钻牛角尖的不良状态，视野变得越发狭窄。在这种情况下，如果在佐证材料不充分时反复强调观点，是很难说服对方的。举个例子，兄弟之间吵架，弟弟说出一堆"哥哥不好"的理由，但是仅以埋怨的态度是难以证明自己的无辜的。因过于强调了"哥哥不好"的观点，只能让他人认为那是为自己辩解的主观理由。

在钻牛角尖或焦躁不安的状态下表达自己的观点，很容易变成歪理（自认为很有逻辑，对方却难以理解）。这时，喝点茶调整一下心态吧，转换脑筋，重新思考才是明智的选择。

钻牛角尖或过于激动都会阻碍逻辑性思考

固执己见地阐述自己的观点，只能被对方认为是在强词夺理

失去冷静的人容易陷入钻牛角尖的不良状态

没有客观事实就没有说服力

爱钻牛角尖的人通常会麻木不仁，只能看到自己。

◉ 开阔视野，树立大局观念

思考时要纵观整体，条理清晰。

如果视野变窄，就会失去客观性，容易演变成强词夺理。受人厌恶的行为之一，就是"钻牛角尖"。忽略大局观念的局部思考，其实就是强词夺理。

有些人会只因微乎其微的局部问题，而否定整体。举个例子，我们经常会遇到一些盛气凌人的上司，发现下属写的策划书里有错别字，就一棍子打死说："这样的策划书亏你拿得出手！"这是打击下属工作积极性的典型例子。

纵观整体，条理分明地进行思考，解决问题也会变得更加容易。解决问题是有基本步骤的（请参照下一页的示意图）：确定主题后，首先把"我想这么做"的愿景明确下来。其次，分析现状，把期望的愿景和现状的差距作为问题点明确下来。最后，大胆地制定解决方案并执行起来。

问题的基本结构与解决问题的基本步骤

05

纵览宏观，深拓微观

理清整体与局部的关系

⬤ 宏观在先，微观在后

如果只看局部判断问题，就会阻碍逻辑思考。首先，为了不迷失整体，就要从宏观捕捉事物。宏观是指整体和概要，微观是指局部、细节、个别的部分。我们要首先从宏观上考虑，再逐步展开至微观。

从宏观到微观还可以解释为"概述—详述—具体化"或"策划—基本设计—实现"的过程。进一步细化就是"策划—基本设计—详细设计—协调制造—导入运用"。"从宏观到微观"的分析方法不仅有利于思考，也对写通俗易懂的文章、讲通俗易懂的话、整理通俗易懂的资料有很大的帮助。

比如，给听者和读者讲解资料时，可以先从宏观视角说明整体情况。这样，更有利于阐释整体与局部的关系。

呈现整体布局图后，再从微观的角度分别呈现细节。存在多个方案时，标记好类似于A案、B案、C案的记号，这样整体与局部的关系就会一目了然。

从宏观把握到微观分析

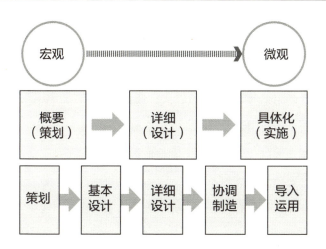

按照先整体后局部的逻辑顺序进行说明

整体与局部的对应关系（首先展示整体）

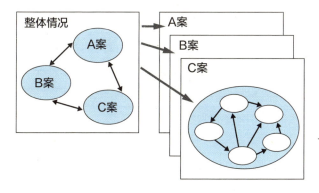

- 整体和局部相对应的展示方式比较直观
- 用符号做标记后再——对应的展示方式比较直观

◉ 把握全貌，"一目鸟然"

从宏观到微观的思考逻辑也可理解为"先看森林，后看树木"。要想看到整个森林，像鸟一样从空中俯瞰效果是最好的。

有一个词叫"鸟瞰"，顾名思义，就是像鸟一样俯瞰事物的全貌。把握森林的全貌及山路的路线才能防止在森林中迷路。

经营企业的过程中，仅靠个别企业的经营活动，是无法获得充分的利益的。越来越多的企业开始立足于整个供应链（把产品和服务提供给终端客户的一系列的业务流程）拓展业务。比如，优衣库和电脑厂商戴尔等，就是以整个供应链为对象开展的一种商业模式。

"无论多么优秀的局部优化，也无法胜过全面优化。""局部优化的集合体不等于全面优化。"诸如此类的许多名言都在警示我们不可忽视整体思维。许多日本公司错误地认为，如果每个部门都各司其职，就会得到好的结果。但事实是，如果盲目地只抓生产，可能会导致产品滞销、库存积压；而如果盲目地只抓销售，则会有很多质量不过关的产品产出。只有生产部门和销售部门的共同协作，才可减少库存积压并防止大量劣质产品的产出。

掌握整体后不着手考虑局部的话，会迷失方向

再优秀的"局部优化"也无法胜过"全面优化"

【事例】筑坝工程

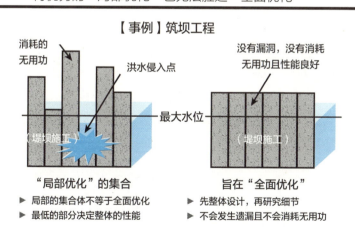

"局部优化"的集合

▶ 局部的集合体不等于全面优化

▶ 最低的部分决定整体的性能

旨在"全面优化"

▶ 先整体设计，再研究细节

▶ 不会发生遗漏且不会消耗无用功

想要事半功倍，就要关注"整个流程"，即"全面优化"。

06

横向思考与纵向思考

广泛理解的基础上，深入研究

⬤ 宏观把握横向思考，微观把握纵向思考

为了不陷入歪理之中，养成从宏观到微观的思考习惯极其重要。换句话说，就是"先横向思考，再纵向思考"。

横向思考是指，"广而浅地把握整体"。纵向思考是指，"针对某一部分深入分析"。有了广泛而基本的整体把握之后，对重点部分深入分析才显得格外重要。

尤其是日本人，纵向思考的习惯已经像基因一样渗透到了身体中。但作为农耕民族的日本人，大多沿袭远古时代的生活习惯，在村落里度过一生，因此没有宏观把握、横向思考的习惯。也可以说，大多数时候日本人都是从"只有这个办法"着手，展开纵向思考的。

而欧美人是狩猎民族，他们在一无所有的广阔大地绘制出城市蓝图。先总览整体，然后考虑在哪里建设道路，从哪里开通水道，从零开始的城市规划大多是从广泛的横向思考开始的。如果能纠正我们习以为常的纵向思考的路径，逻辑思考能力定会有突飞猛进的提高。

横向思考与纵向思考

横向思考是指，广而浅地把握整体

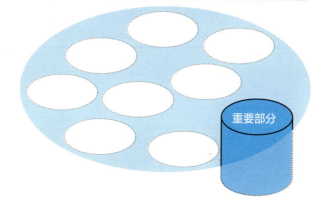

纵向思考是指，深入分析特定的部分

重要部分

▶ 横向思考，明确多种可能性的优先顺序
▶ 明确优先顺序的判断标准
▶ 针对优先顺序高且重要的部分进行深入的分析

● 先横向思考广泛理解，再纵向思考深入探究

为了避免直接陷入纵向思考的框架，应该有意识地先进行横向思考。但是，即使先横向思考再纵向思考，久而久之也可能让视野变得狭窄。因此，进行一定程度的纵向思考之后，还应该再次跳出框架、开阔视野，重复进行横向思考。

我们可以尝试将传统的纵向思考方式归零。抛开脑中的偏见，以崭新的心情、冷静的心态，360度环顾四周，广泛地进行横向思考，也许会想出更好的主意。

有一个普遍性的难题困扰大家，就是很多制造商的研究课题及研究成果最终都未能商品化，这是在未考虑商品实用性的情况下就决定研发而导致的。在设定主题的阶段就应该用横向思考的方式做好商品策划部门与销售部门的协调工作，从而开阔视野，考虑更多的可能性。

将横向思考与纵向思考有效结合，开阔视野、提高分析能力

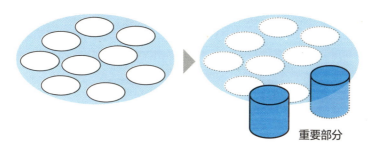

重要部分

▶ 通过横向思考明确整体和局部的关系

▶ 纵向思考时，偶尔也需横向思考全面审视

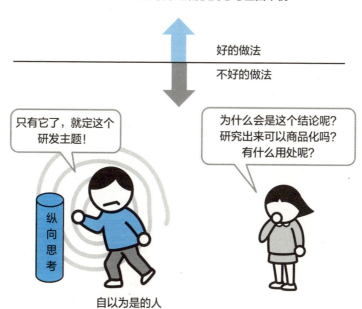

好的做法

不好的做法

▶ 直接进入纵向思考的状态，所以会脱离正轨

▶ 大多数的研究成果未实现商品化已成普遍性问题

利用MECE分析法消除遗漏和重复

不做无用功，避免出现混乱

◯ MECE是指没有遗漏且没有重复的状态

通过宏观思考、横向思考把握整体时，有几点需要留意。MECE（Mutually Exclusive Collectively Exhaustive，相互独立，完全穷尽）分析法是系统把握整体的思考方式，旨在实现"没有遗漏且没有重复的状态"。

着手筹措新事项时，请养成用MECE分析法纵览整体的习惯。纵览整体后再考虑优先顺序，选择认为重要的事项进行纵向思考。

为什么强调要学会运用MECE分析法呢？因为遗漏容易失去宝贵的机会。举个例子，随着政府放宽相关政策，新的市场会立即涌现出来。曾经因酒类税法的变化，啤酒市场上的发泡酒和杂粮酒在税制方面享受了优惠待遇，随后新品类的啤酒便陆续上市了。

再者，"如果有重复，就会产生浪费和混乱"，这点必须牢记。如果业务负责人有重复，就容易做无用功或出现混乱。比如，财务部门和人事部门的业务有重复且分工不明确，必然会引发混乱。

如果有遗漏和重复，则会徒劳无功

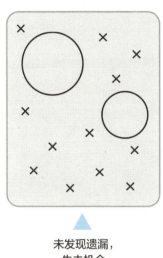

未发现遗漏，
失去机会

有重复，
产生浪费和混乱

视野过于狭窄，
失去机会

不及时梳理，
工作永远做不完

捡到10日元好幸运啊！

只能看到10日元

工作终于做完啦！

呃，那个也需要做吗？
我以为已经完成了呢。

没有及时
发现

哎，
重新做！

◉ MECE分析法的运用场景及设定优先顺序

MECE分析法可以运用到以下场景，如启动新项目时，看不到全貌时，无论怎么努力也不见成效和出路时。

MECE分析法的思考秘诀就是，经常问自己："除此以外呢？""反之会怎么样呢？""事情内因、外因分别是什么？""有什么积极影响和消极影响？"并且，自问是否有其他遗漏的内容。如果过分关注事情本身（已知的内容），就会陷入既定框架的纵向思考，随之视野会变得越来越狭窄。

用MECE分析法掌握整体后，便可以决定优先顺序。就日常工作来说，将待办事项用MECE分析法划分优先顺序，这样会取得更好的效果。

此前讲过先横向思考再纵向思考的重要性。MECE分析法在横向思考（广而浅地探究周边、开阔视野）中是不可缺少的，因为从横向思考切换为纵向思考就需要设定优先顺序。

如果实在不好理解，可以将MECE分析法视作"首先列出所有可能性"。因此，在MECE分析不足的前提下设定优先顺序，并以此来决定执行策略的话，很容易错失良机，留下遗憾。

用 MECE 分析法把握整体

MECE

没有遗漏和重复的状态

即"先列出所有的可能性"

MECE分析法示意图

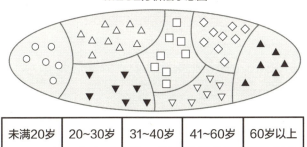

未满20岁	20~30岁	31~40岁	41~60岁	60岁以上

MECE分析法的运用场景

- 启动新项目时
- 看不到全貌时
- 无论怎么努力也不见成效和出路时
- 想不费吹灰之力达成目标时

MECE 分析法的秘诀是思考"除事物本身以外的部分""事物的对立面"

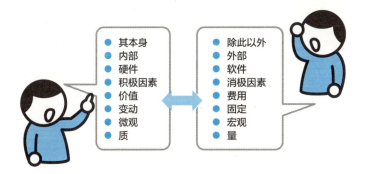

利用框架整理信息

<u>必须掌握的基本框架</u>

◉ 通过MECE分析法把握构成要素的就是框架

框架用于明确"整体结构"，也指"通过MECE分析法将整体构成要素进行大分类"。重要的是框架应是MECE分析框架，因为一旦有遗漏和重复，就会导致混乱。整体构成要素可大致分为3~7大类。

建议先确认目的后思考框架，再使用框架进行大分类，就可以看到全貌。而且，如果按照框架的构成要素分别进行分析和整理的话，整理信息会更顺利。

麦肯锡咨询公司采用的是7S模型的经营模式。7S模型分为3个硬件和4个软件。3个硬件是指"结构（Structure）：组织应有的形态"、"战略（Strategy）：维持和稳固事业的优势"、"制度（System）：信息传达机制"。4个软件是指"人员（Staff）：人才管理"、"技能（Skill）：员工及企业具备的能力及技术"、"风格（Style）：公司风气和企业文化"、"价值观（Shared Value）：员工共同的愿景和企业理念"。经营采取7S模型，与MECE分析法十分契合。

框架示例：麦肯锡的 7S 模型

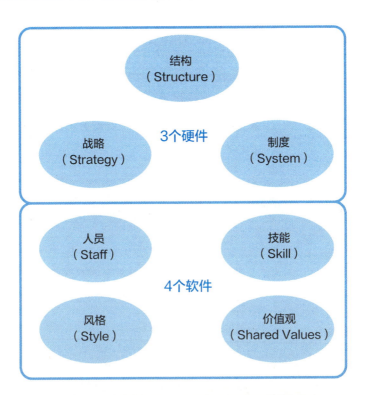

硬件3S

- ▶ 结构（Structure）：组织应有的形态
- ▶ 战略（Strategy）：维持和稳固事业的优势
- ▶ 制度（System）：信息传达机制

软件4S

- ▶ 人员（Staff）：人才管理
- ▶ 技能（Skill）：员工及企业具备的能力及技术
- ▶ 风格（Style）：公司风气、企业文化
- ▶ 价值观（Shared Value）：员工共同的愿景和企业理念

⊙ 各种框架模式

市场营销的框架是4P。4P是指产品（Product）、价格（Price）、渠道（Place）、促销（Promotion）。市场营销也被称为"制定畅销机制"。为了制定畅销机制，需要精心打造营销4P。"如此好的产品为什么卖不出去呢？"这通常是销售渠道不畅、促销不顺利导致的。

通过框架把握整体情况，可以防止关键点的遗漏和不必要的重复。另外，利用现成的框架，更容易实现MECE。除了4P框架，还有麦当劳的现场管理"QSC"（Quality，品质；Service，服务；Clean，清洁）等很多其他的框架。

企业可以根据自身的发展目标，自行定义契合的框架。例如，吉野家就制定了"好吃、速度、便宜"的发展框架，以此迎合顾客的需求。

框架示例：市场营销 4P 框架

市场营销的4P框架

市场营销·组合

产品 （Product）	价格 （Price）	销售渠道 （Place）	促销 （Promotion）

目标·市场

常见的框架示例

四季

春、夏、秋、冬

工作的品质

QCD
（品质、成本、交货期）

三季西装

夏装、冬装、春秋装

麦当劳的现场管理

QSC
（品质、服务、清洁）

体育精神（姿三四郎）①

心、技、体

旅行的乐趣

逛吃玩
（逛街、美食、娱乐）

---

① 《姿三四郎》是日本黑泽明执导，根据富田常雄所著同名小说改编的动作
影片。讲述了姿三四郎在学习柔道的过程中，从一名好勇斗狠的鲁莽青年，
成长为一名柔道武术家的故事。——译者注

09

逻辑树分析法

善于整理大量信息

⬤ 逐条列举的进化版——逻辑树

整理信息时，采用逐条列举的方式是比较方便的。逐条列举的优点是可以简练地整理要点，利于缩小论点的范围，也方便项目的分类。但是，逐条列举也有缺点，就是遗漏和重复不太容易被发现，难以判断是否符合MECE分析法。另外，有多个项目的时候，很难把握项目的全貌，项目之间的关联性也不清晰。

相比逐条列举的方式，逻辑树的信息整理方式或许更加优秀。逻辑树是用逻辑连接主干和枝叶的方法。当逐条列举的方式难以整理大量的信息时，可以尝试用逻辑树进行处理。

在逻辑树中，左侧陈列待解决的主题，右侧将待解决的主题进行等级划分，针对每个等级再做细化。等级没有固定的数量，可以先从3个等级开始做起。

逐条列举的优缺点

用逐条列举的方式整理信息【例：我司存在的问题】

① 我司生产成本过高，出现赤字

② 员工的平均年龄增加，相比其他公司人员成本呈上升趋势

③ 产品质量问题多发，近几年投诉率增加

逐条列举的优点

逐条列举的缺点

- ● 简练地整理要点
- ● 缩小论点的范围
- ● 便于项目分类

- ● 遗漏点不明显
- ● 重复点不明显
- ● 看不到全貌
- ● 项目之间的关系不明确
- ● 项目数量过大时难操作

相比逐条列举更易于整理信息的逻辑树

▼图解表示

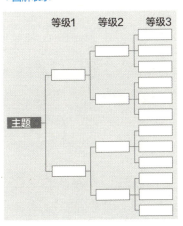

▼EXCEL表示

主题

等级1	等级2	等级3

⬤ 使用EXCEL构建逻辑树

使用逻辑树进行分层时，头脑中要有用MECE分析的意识并进一步细化。举个例子，公司提出如何提高销售额的问题。为了提高销售额，可分两层考虑。一是提高现有客户消费额，二是提高新客户消费额。对于增加现有客户消费，可以想到的方法有维护回头客、提高购买量、降低折扣率、提高商品单价、商品升级等对策。

逻辑树就是为了达成主要目标，在MECE分析法基础上分层整理信息的方法，其主要优点是可以一览全貌，可以明确大小关系及因果关系。

但是，如果想追求非常完美的MECE，光有时间是不够的。因为这个过程的重点不在MECE的完成度，而是头脑中要时刻保持尽可能消除遗漏和重复问题的意识。

另外，使用EXCEL等软件增加、删减、修改逻辑树的项目，操作也会非常容易。

能把头脑中的信息用逻辑树的形式表述出来的人，都是逻辑思考达人。比如，利用逻辑树权衡问题的严重性，把握大小关系，明晰目的（上位）与手段（下位）等。平时多用逻辑树的方式整理头脑中的信息，是非常好的一件事情。

学会用逻辑树整理信息

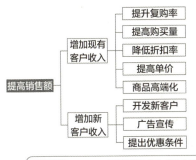

主要课题：提高销售额

等级1	等级2
增加现有客户收入	提高复购率
	提高购买量
	降低折扣率
	提高单价
	商品高端化
增加新客户收入	开发新客户
	广告宣传
	提出优惠条件

使用场景
- 系统整理企业或业务的课题时
- 整理具备大小关系及因果关系的信息时
- 整理大量信息时，按照大小关系进行分层时
- 想借助办公软件（EXCEL）提高效率时

MECE、框架、逻辑树的关系

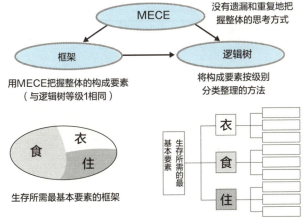

MECE：没有遗漏和重复地把握整体的思考方式

框架：用MECE把握整体的构成要素（与逻辑树等级1相同）

逻辑树：将构成要素按级别分类整理的方法

生存所需最基本要素的框架

- 把握全貌时，一定要有利用MECE的意识
- 创建框架时，可以用MECE分析整体的构成要素
- 逻辑树也可以用MECE制定（等级1为框架）

10

以零基础思考摆脱障碍

抛开原有概念，抓住打破现状的线索

🔘 堆叠式思考和零基础思考

我们已养成了惰性思考及在其延伸下不断堆叠的思考习惯。因为以往的方式未出现过重大错误，所以总以为会万无一失。

但是，如果用堆叠式思考方式继续沿用上一年度的做法的话，不管过多少年也很难破旧立新。有时我们有必要重新确定正确的轨道，在习惯延伸线的范围外寻找更多的可能性才是打破现状的契机。

零基础思考是摆脱堆叠式思考的最佳手段。所谓零基础思考，是指抛开原有概念，扩大框架，追求更多可能性的思考方式。如果思想过于狭隘，则无法进行重大改革。我们要尝试关注未知的领域，并且积极思考如何开展工作，如此才能达成更高的目标。

举个例子，假设后期有必要发展国内市场，但是国内市场竞争过于激烈，导致市场需求停滞不前，即使在国内市场投入更多的管理资源，也达不到预期市场增长率。这种情况，就应该用零基础思考，自问"首先，我们公司的市场究竟在哪里？是不是可以不局限于国内市

重置现状的延伸线，采用零基础思考

零基础思考　　　　　　　　　堆叠式思考

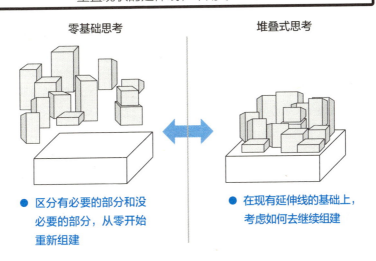

● 区分有必要的部分和没必要的部分，从零开始重新组建

● 在现有延伸线的基础上，考虑如何去继续组建

不受当前框架局限的零基础思考

扩大范围追求更多的可能性
（可以不局限于以往的框架，开阔视野）

固有概念，被常识束缚的状态
（虽然做了很多尝试和努力，却找不到解决的办法）

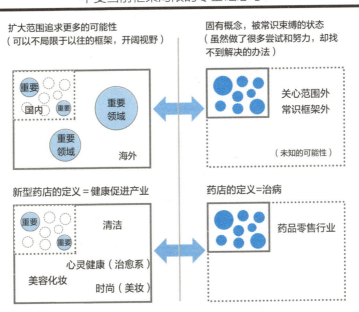

053

场？"然后可以按照零基础思考方式探究全球市场，并对有前途的市场进行全面研究。

⊙ 零基础思考，力求突破现状

以日本首都圈为中心开设的大型药妆店"松本清"，应用的就是零基础思考方式。传统药店的理念是"治病"。但如果只定义为治病，那么目标客户很大程度上只能集中于老年人。

因此，松本清将药店的理念重新定义为"健康促进产业"。促进健康可以体现在女性的美容、时尚、心理健康以及清洁等方面，这些都有利于促进健康产业的发展。通过销售化妆品和芳香疗法产品，成功吸引了年轻女性客户。此外，利用化妆品体积小而单价高的特点，在有限的销售空间内提高了销售额。

所以，无论怎么努力都没有收获时，或者陷入绝望的困境走投无路时，不妨试一下零基础思考。

抛开以往的局限思考，开始零基础思考

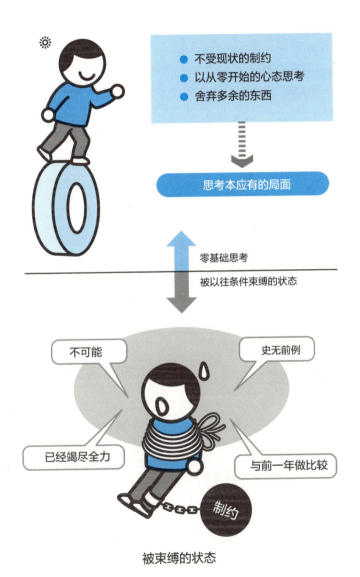

- 不受现状的制约
- 以从零开始的心态思考
- 舍弃多余的东西

思考本应有的局面

零基础思考

被以往条件束缚的状态

不可能

史无前例

已经竭尽全力

与前一年做比较

制约

被束缚的状态

11

头脑风暴与分组

通过发散思维与聚合思维提升思考能力

⬤ 发散思维和聚合思维是思考的基础

有一些技巧可以帮助我们提高思考能力。比如，灵活运用"发散和聚合"。有时候，"必须拿出好的想法、必须在规定的时间内总结到位"的责任感和紧张感反而会让我们停止思考。为了想出更好的解决方法，自由地发挥想象并拓展其可能性的过程是必不可少的。

思考的基本过程是"明确主题—发散思维—聚合思维—总结"。明确主题时，需确认目的和范围；发散思维过程中要进行信息收集、灵感收集、筛选备选解决方案，后面介绍的头脑风暴（自由想象）就是发散思维的典型手法（请参照第60页）；聚合思维是要将收集的材料进行加工，将发散的内容整理起来，提升聚合思维的有效手法包括重要性评估（筛选重要的东西）及分组（分类）。结合主题，进行重要性评估及分组的方法来完成主题。

①发散—聚合　发散和聚合是思考的基础

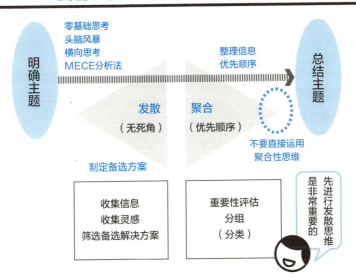

问题点的整理示例

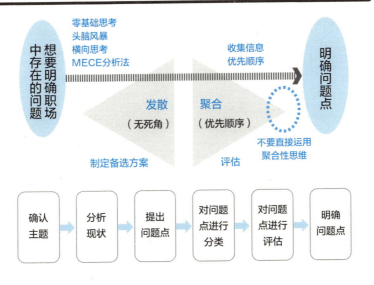

⬤ 发散思维和聚合思维可用于整理问题和想法

举个例子，以"明确工作中的问题"为主题来实践一下发散思维与聚合思维吧。首先，分析现状，收集所需信息。相关人员聚在一起对现状进行分析，同时发散思维，针对问题点展开头脑风暴。

其次，将头脑风暴过程中收集的问题点聚合起来，对其进行分组和重要性评估。分组时，类似的项目整理到一起并取一个有代表性的分类名。做重要性评估时，将重要性最高的设定为5级，最低的设定为1级，这种5级评估的标准是最方便的。通过对问题点进行整合和分组，就能比较全面地总结出职场上的问题点了。

接下来，我们以"提出想法"为主题思考一下吧。想清楚需要得出什么样的想法，明确其主题。接下来发散自己的思维，在收集信息的同时也输出自己的想法，接着把这些想法进行分组并做重要性评估，择优选择最出色的想法。

关于开展新业务的方案，同样可以参考下一页的示意图。

①发散—聚合　发散和聚合是思考的基础

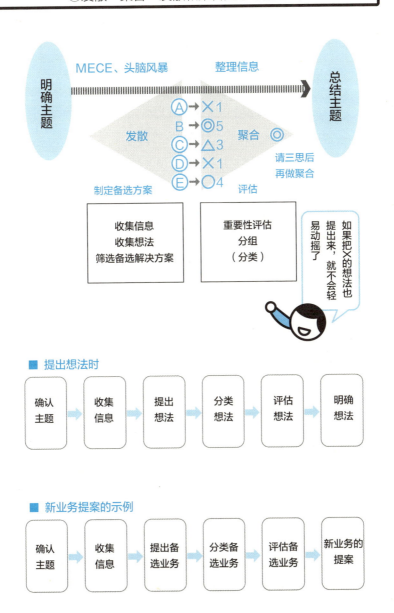

■ 提出想法时

确认主题 → 收集信息 → 提出想法 → 分类想法 → 评估想法 → 明确想法

■ 新业务提案的示例

确认主题 → 收集信息 → 提出备选业务 → 分类备选业务 → 评估备选业务 → 新业务的提案

头脑风暴的5项原则

巧妙地运用潜在的想法

⬤ 头脑风暴的规则

为了得出更好的想法，进行发散思维是很重要的，巧妙地运用头脑风暴来尽情地发散吧！头脑风暴的秘诀就是自由想象。如果因为害怕被骂而怯于表达自己的想法，或者不好意思在人前发言，好不容易想到的点子也可能会被遗忘。在自由思考的过程中，可以唤醒潜在的沉睡已久的想法。

头脑风暴有5项规则：①抛开固有的概念及常识，进行零基础思考；②来者不拒，想法越多越好；③三不要（不要批判、不要议论、不要啰里啰唆）；④从他人的想法中获得启示，积极联想；⑤将想法逐条列举并记录下来。

头脑风暴就好比烹饪之前收集食材的环节，如果没有食材就无法做出美味佳肴。为了找到理想的解决方案，就需要通过头脑风暴来集思广益。

此外，头脑风暴不仅可以应用于"提出想法"，任何列举问题、探求解决方案、策划新项目等场景，都可进行头脑风暴。但参与头脑

用头脑风暴发散思维、收集素材

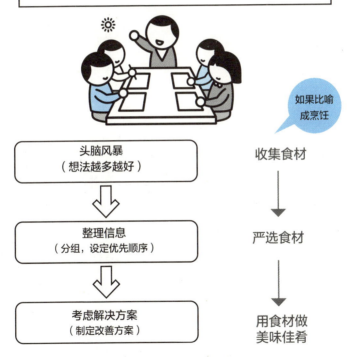

头脑风暴的规则

秘诀是
自由想象

① 抛开固有概念和常识（零基础思考）
② 来者不拒，想法越多越好
③ "三不要"：不要批判、不要议论、不要啰里啰唆
④ 从他人的想法中获得启示，积极联想（联想游戏）
⑤ 将想法逐条列举并记录下来

如果比喻
成烹饪

头脑风暴
（想法越多越好）

收集食材

⬇

整理信息
（分组，设定优先顺序）

严选食材

⬇

考虑解决方案
（制定改善方案）

用食材做
美味佳肴

● 头脑风暴就是收集食材（头脑风暴就是应用发散思维）
● 食材搭配越丰富越有味道（整理信息的过程就是应用聚合思维）

风暴的人员数量不宜过多，人数控制在几个人，相互之间的沟通会更顺畅。

⬤ 重复两次"发散—聚合"，大部分问题都会解决

重复两次发散—聚合，解决问题会更全面。第一次的发散—聚合是为了明确问题点。首先，通过头脑风暴进行发散并收集问题点。其次，聚合思考对问题进行归类并评估其重要性，锁定亟待解决的问题点。

第二次的发散—聚合则是为了收集解决问题的方案。有了第一次的发散—聚合中对问题点的分享和探讨，探寻解决方案就会容易很多。收集大量的想法后，通过分组和重要性评估进行聚合。在考虑投资回报率的同时确定改善方案。

头脑风暴的秘诀是，转变视角思考问题。举个例子，比如说起空罐的用途，可以想到做储物罐、厨房用品，利用其形状的特点做些小手工等。要通过转变视角，提升头脑风暴的效率。

头脑风暴使用的场景

- 大家一起出主意时
- 大家一起找问题时
- 大家一起提出对策和课题时
- 大家一起拓展想象、收集奇思妙想时

重复两次"发散—聚合"

"思考工作的改进方案"

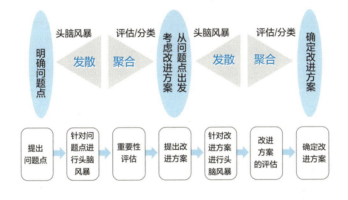

头脑风暴的秘诀

主题"空罐的用途"

<转变视角后进行思考>

是否可以用作储物罐？
是否可以利用其形状、材质？
是否可以将空罐变形后作为其他用途使用？
是否可以将几个空罐组合起来使用？
是否可以作为厨房用品使用？
是否可以作为游戏道具使用？

通过分组与重要性评估聚合信息

迅速排列优先顺序

○ 通过分组和重要性评估（优先级）聚合信息

通过头脑风暴获得大量信息后，我们还要考虑，如何将信息聚合起来。聚合时，应考虑利用重要性评估和分组的方法。

我们先思考一下重要性评估。重要性一般可分为5级，分别是"5：极其重要""4：比较重要""3：一般重要""2：不太重要""1：不重要"。重要性评估因人而异，如果出现意见分歧时，可以优先评估为较高的级别。这样，重要的项目就不会轻易被驳回。

接下来，我们考虑一下分组的问题。分组时建议按照企业的职能部门进行分类。比如可以分为经营策划、人事、财务、行政、开发、信息系统、生产、销售、物流、采购等部门，用A、B、C等记号进行标记。

重要性评估和分组没有先后顺序，逐一进行即可。

通过重要性评估（优先级）及分组进行聚合

利用模造纸（填写示意图）

C　5　① 针对交货期的询问无法立即回复。订单系统中没有搜索功能。

B　3　② 接单后，变更交货期的事情频繁发生。一日约30单。

G　4　③ 验货入仓时发现很多劣质产品。尤其是K公司和P公司的产品。

D　5　④ ....

B　5　⑤ ....

⑥ ....

⑦ ....

重要性：5级评估

分组：填写问题点对应的组号

问题点的分组示例

A：关于企业政策、事业计划、年度计划
B：业务领域、目标客户、商品构成
C：企业发展环境的变化及应对策略
D：组织、权限、与其他部门的合作、
　　分公司之间的合作
E：人才培养、人事调动、轮岗制度、聘用制度
F：成本、毛利、价格战略
G：采购战略、销售战略、分公司的运营
H：信息系统、订货系统、OA系统
I：业务标准化、效率化
J：物流战略、库存、商品管理
K：客户需求的动向
L：团队建设、工作动力、企业文化

重要性的评估示例

5：极其重要
4：比较重要
3：一般重要
2：不太重要
1：不重要

头脑风暴（BS）

明确主题　　发散　　聚合

分组（分类）、
重要性评估
（优先级）

主题达成

⬤ 尝试"KJ法"

几个人可以围在黑板的周边，并使用便签纸进行发散和聚合。首先确定主题，比如，可以设定主题为"为什么我们公司总是不盈利？"

准备好小黑板和便签纸，召集参会人员到场。确认主题后，针对问题点展开头脑风暴，一张便签纸上填写一个问题点。分头填写以后，整理便签纸。相同内容的便签纸不要扔掉，将它们叠在一起；类似内容的便签纸相邻放到一起，并将所有便签纸排列在黑板上。将类似内容的便签纸进行分组后，再标注具有代表性的标题。这样，只需一块黑板就可以整体把握头脑风暴出的问题点（像这样用易于理解的方式快速整理各类信息的方法叫作"KJ法"，即"川喜田二郎法"）。

分组的秘诀在于按组织的职能部门进行分类

组织名称	分组	组织名称	分组
策划部	战略、方针、计划	生产部	生产、加工、组装
人事部	人员、组织、教育	销售部	销售、营销、促销
财务部	财务、资金、成本	物流部	物流、库存
行政部	大厦管理、股东	采购部	部件、资材采购
开发部	商品研发	质检部	提高品质
信息部	系统、信息	设备部	设备设计·开发

利用"KJ 法"进行发散和聚合

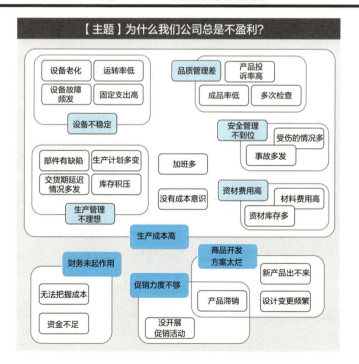

【主题】为什么我们公司总是不盈利?

从 "is/is not" "before / after" 的角度思考

<u>弄清差距（差异），探求原因</u>

⬤ 用is／is not（有/没有），明确其变化

遇到问题时，为了研究"为什么会发生这种问题"，可以将问题发生之前和发生后做一个对比，这样效果会更明显。<u>通过明确差距（差异）</u>，可以比较"在变化的前后，什么发生了变化，什么没有变化"，<u>系统地探究导致变化的原因。</u>

可以将变化之前作为"is"，问题发生后的变化作为"is not"，做一个对照表。比如说，变化前A产品的销量非常理想，但是突然销量下降了。变化前销量理想的状态就是"is"，卖不出去的状态就是"is not"，将二者进行比较会发现：变化前（is）有3家竞争企业，9种竞争产品。但是，变化后（is not），因一家企业的加入，竞争企业变成了4家，竞争品种增加到了12种。这样是不是能联想到影响销量的原因了？即因一家新企业的加入及竞争品种的增加，导致A产品的销量下降。为了确认正确与否，可以通过集中调查新产品的销售情况来进行验证。

不要忽略变化前后的差距

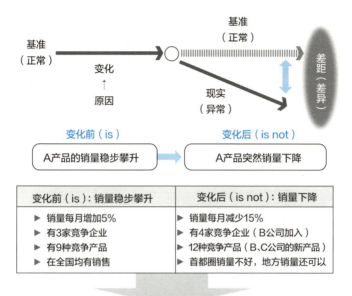

变化前（is）：销量稳步攀升	变化后（is not）：销量下降
▶ 销量每月增加5%	▶ 销量每月减少15%
▶ 有3家竞争企业	▶ 有4家竞争企业（B公司加入）
▶ 有9种竞争产品	▶ 12种竞争产品（B、C公司的新产品）
▶ 在全国均有销售	▶ 首都圈销量不好，地方销量还可以

紧急调查B、C公司新产品的销售情况
（被新产品替代）

比较变化前后的情况，"什么变了，什么没变？"

发生了什么？
（发生了什么变化？）

没有发生什么？
（没有变化的是什么？）

发现差异的人，肯定认真地做了前后比较

⬤ 以"Before / After"（之前/之后）的视角进行比较

我们也可以按时间顺序比较差异。

Before/After可以是"过去—现在"的比较，也可以是"现在—未来"的比较。

以"过去—现在"的比较为例，我们可以试着比较一下过去的自己和现在的自己有什么不一样。比如，可以比较一下3年前的自己和现在的自己，如果想不到特别明显的变化，则说明没有太大的进步，这时你应该尝试学习一些新技能。

"现在—未来"的比较，便于设定下一步努力的目标。比如，一边设想"3年后希望自己变成什么样"，一边与现在的自己作比较，并把想法记录下来。给自己设定一个需要"够一够"才能实现的目标，何乐而不为呢。

表示时间维度的差异时，用Before/After的角度会更加方便，请一定尝试一下。

按"Before/After"的时间顺序作比较，差异会更加显而易见

| 变化前 |||||||> | 变化后 |

过去：3年前（Before）	现在（After）
● 想取得注册税务师资格证	● 取得了注册税务师资格证
● 不理解职场的工作	● 工作能力变强
● 基本不运动	● 每周慢跑3天
● 体脂率30%（偏胖）	● 体脂率23%（标准）
● 存款10万日元	● 存款300万日元

● 通过比较，衡量自己的变化，做到心中有数

现在（Before）	未来：3年后的目标（After）
● 取得了注册税务师资格证	● 取得正式会计师资格
● 工作能力变强	● 可以给下属讲解业务内容
● 每周慢跑3天	● 有2个以上的兴趣爱好
● 体脂率23%（标准）	● 体脂率控制在20%并维持下去
● 存款300万日元	● 存款500万日元（购房首付）

● 将Before设定为现在，After作为将来的目标

通过少量信息导出结论的"假设思考"

展望未来，扩展未知领域

◉ 人类生活在假设的世界中

过分追求完美，反而得不到结论。世界上很少有绝对正确的事情，而大多数是靠假设来运作的。假设就是"初步的结论"，虽然目前尚不能断定是100%正确的，但是到目前为止并没有发现大的矛盾。如果可以证明它是100%正确的，那么它将成为法则或原理。

如果有70%–80%的把握，就可以尝试做一个假设。比如，经济学家预测汇率变动，投资股票的人则预测股价。这些都是假设。

另外，"我认为是这样"也是一种假设。

如果一定要等到能够证明100%正确才肯罢休，那可能很久也不会得出结论。所以，可以暂且接受初步的结论，进行"假设思考"。至于假设是否正确，稍微做个调查验证一下就可以了。如果假设中存在矛盾，再修正初步的结论即可。

假设是指"初步的结论"

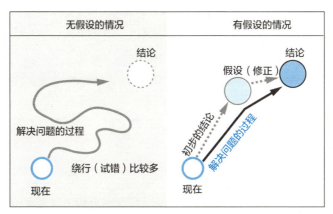

- 盲目地做调查是找不到结论的，可以试着先假设一下
- 如果有必要修改假设的话，果断地修改就可以了

如果有 70% -80%的把握是正确的，可以做个假设再验证

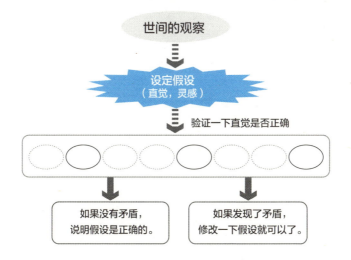

那么，怎样才能得出假设呢？就是要冷静地观察人和世间万物，并珍惜从中迸发的灵感。比如说，聊天时，有一个人特别喜欢聊关于金钱的话题。我们可以得出一个假设（即初步的结论）："此人是金钱至上主义，并且是一个用金钱来判断一切的人。"通过观察这个人，并提问他关于金钱价值观的问题，就能验证这个假设是否成立。

⬤ 多设些假设，提高思考能力

以进化论闻名的达尔文，在马达加斯加岛发现了一种蜜腺长在花瓣最深处的花。由此，达尔文推测"马达加斯加岛一定存在一种嘴巴特别长的昆虫"。因为如果没有长嘴昆虫，那花就无法授粉并繁衍后代。达尔文去世40年后，人们果真发现了吸食这种花蜜的长嘴蛾。

通过设定假设，凭借少量的信息就可以预测新的事物。"假设思考"能够帮助人们把握尚未发现的现象，探索未知的领域。

达尔文的假说

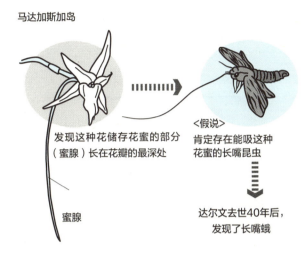

马达加斯加岛

发现这种花储存花蜜的部分
（蜜腺）长在花瓣的最深处

蜜腺

<假说>
肯定存在能吸这种
花蜜的长嘴昆虫

达尔文去世40年后，
发现了长嘴蛾

通过设定假设，可以凭借少量的信息预测未来的事物

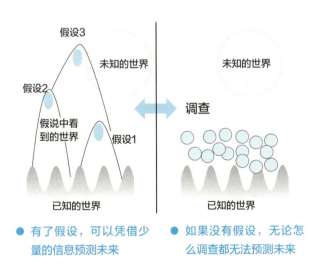

假设3

未知的世界

假设2

假说中看
到的世界

假设1

已知的世界

未知的世界

调查

已知的世界

● 有了假设，可以凭借少
量的信息预测未来

● 如果没有假设，无论怎
么调查都无法预测未来

16

用矩阵分析法系统展现

轻松、全面、无重复地整理信息

⬤ 利用矩阵分析法系统整理

使用矩阵分析法可以有效地分析现象。矩阵分析是指，纵轴和横轴直角交叉，形成坐标轴，横轴右端和纵轴上端分别标注待分析的两个项目。矩阵分析可将整体图像紧凑地呈现在一张纸上，在处理大量信息且使横轴和纵轴各表示某种含义时，运用起来比较方便。

计算软件是矩阵分析法的典型示例。利用计算软件制作模板，可以有效避免信息的遗漏和重复。

运用坐标轴整理矩阵图形时，需要先决定横向和纵向两个坐标的名称。将坐标纵轴和横轴的正向分别设定为A和B时，则与A轴相对应的反向坐标为负A，与B相对应的反向坐标为负B。假设现在要用此方法来进行性格分类，如果用A表示外向的人，那么负A就是内向的人；如果用B表示一个积极的人，那么负B就是消极的人。这样就可以在矩阵图上标注社交型、孤僻型等性格类型，并且都体现在一张纸上，清晰明了且不易遗漏。

矩阵分析法的应用场景

- 用一张纸呈现时
- 整理大量信息时
- 横轴和纵轴各表示某种含义来整理信息时

应用示例

市场 \ 产品	现有产品	新产品
现有市场	▶ 电视 ▶ 冰箱	▶ 游戏机 ▶ 智能手机 ▶ IoT①家电
新市场	▶ 亚洲市场 ▶ 欧美市场	▶ 特许经营 ▶ 网上银行

整理相关新业务的各种方案

按项目整理信息

主题	目的	重点课题	推进部门
扩大业务范围	以年轻人为受众构建……	①制作新业务的策划方案 ②调查需求 ③……	策划部 业务开发
间接部门的BPR （业务的根本性创新）	削减30%的间接成本（3年），强化成本竞争力	①业务分析 ②…… ③……	财务 行政 人事
重新构建产品布局	从单一产品到产品和服务一体的系统化产品布局	①…… ②…… ③……	…… …… ……

在坐标轴上设定 A 与负 A，B 与负 B

"性格分类的示例"

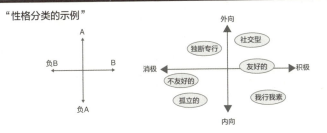

---

① IoT（The Internet of Things）：物联网，物物相连的物联网，主要解决物品与物品（Thing to Thing, T2T），人与物品（Human to Thing, H2T），人与人（Human to Human, H2H）之间的互连。——编者注

⬡ 灵活运用矩阵分析法

也可以以一个矩形为框架设定A和负A，B和负B，设定一个坐标轴。下面我们就以"整理新项目的相关想法"为示例思考一下。如果把A作为现有事业（产品和业务）、B作为现有市场（顾客和市场），那么负A就是新项目，负B就是新市场。通过矩阵法，可以考虑所有的组合方式，如：A×B、A×负B、负A×B、负A×负B。

矩阵法中有一种叫PPM（Product、Portfolio、Management 产品组合管理）的分析手法。纵轴设定为市场增长率的高低，横轴设定为市场占有率的高低，纵轴和横轴是在中央分割高低的分界线。年化市场增长率为5%以上时视为高，市场占有率为行业内第一则视为高。

在矩阵图上用一个个圆圈表示一项项业务，圆的面积表示销售额的多少，圆的位置由市场增长率及市场占有率决定。这种PPM方法是分析企业业务构成状况的一种手段。

在矩形上设定 A 和负 A、B 和负 B，设定一个坐标轴

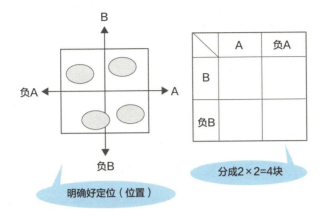

PPM 分析手法的示例

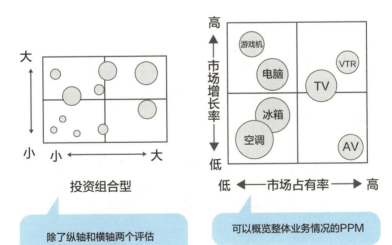

使用SWOT分析法制定战略

把握好"优势/弱势""机遇/威胁"

● SWOT分析法是战略分析的简易方法

在制定企业经营战略时，使用SWOT（态势）分析法会很方便。

SWOT分析根据公司外的"机遇""威胁"与公司内部的"优势""弱势"进行分析。公司外部的机遇与威胁是指顾客、竞争对手、宏观环境的角度，重要的是不但要考虑目前的机遇和威胁，而且要预测在中期（未来三年）会发生的变化。

在公司内部，要结合优势和弱势进行分析。即使认为是优势，也不能掉以轻心，要在与其他公司进行比较后，冷静地分析是否真的是一个优势。

SWOT分析法的秘诀是"利用机遇克服威胁""发挥优势，克服弱势"。为此，作为企业发展的第一步，相关人员一定要注意洞察行业机遇和潜藏的威胁，了解公司内部的优势和弱势。

战略分析的简易方法：SWOT 分析法

竞争对手、环境）公司外部（顾客、	● 扩大亚洲市场 ● 智能手机的普及 ● 互联网的普及 ● 熟悉的IoT家电 ● 超级喜欢奢侈品牌的日本人 ● 新建热潮（换购需求） ● 4K电视的普及 ● 个性化	● 销售价格的下降 ● 回收再利用法的引入 ● 手机功能的成熟 ● 家用电器的经销商强大的销售能力 ● 内部举报导致的社会问题化 ● 中国制造的强大品质
	机遇　**威胁** **优势**　**弱势**	
公司内部（本公司）	● 高画质液晶技术 ● 小型化技术 ● 有一定的资金能力 ● 闲置资产较多 ● 擅长企业销售 ● 认真的公司职员 ● 关西地区的实力雄厚	● 代理的销售实力减弱 ● 零售商渠道薄弱 ● 官僚主义严重，公司运转不灵 ● 高成本体制（论资排辈、老龄化） ● 过度分公司化（总公司的向心力下降） ● 人力制度僵化 ● 不以客户为导向

SWOT 分析法的使用方法

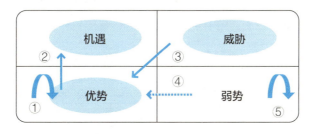

①利用优势，获取新的机遇

②把优势转化为机会，找到新的出路

③化威胁为转机，将威胁转化为机遇并找到生存之道

④克服弱点，寻找转化为优点的机遇

⑤放弃弱点，将资源分配给强项，以增强优势

其次，通过发挥公司的优势，可以开创一个成功的局面。如果可以克服机遇和威胁来发挥自己的优势，则公司实现良好的发展便指日可待了。为此，可以将"发挥优势并找到新的出路""化威胁为转机，将威胁转化为机遇并找到生存之道"，纳入今后的战略计划中。

⬤ 通过交叉SWOT分析法提取问题

为了更便捷、直观地发现问题，可以采取交叉SWOT分析法。交叉SWOT分析法是一个3×3的矩阵。将机遇写在第一行的中央，威胁写在右侧。第一列中间写优势，下方写弱势。

在优势与机遇相交的中心格，写出思考"优势×机遇"时可以想到的管理问题。例如，我们将健康和美容方面的机遇与我们先进的纳米技术的优势相结合，可以写下化妆品和保健品业务的发展重点。

此外，在框架里写出优势×威胁，劣势×机遇，劣势×威胁。优势是公司容易取胜的有利因素。因此，就优先级而言，要优先从优势×机遇、优势×威胁的角度进行思考。

交叉 SWOT 分析法

公司外部 （顾客、竞争对手、宏观环境） 公司内部 （本公司） 战略、组织、企业文化、海外经营资源（人、事、资金、信息）信息＝顾客信息、技术、经验、专利、IT	O：机遇	T：威胁
	● 扩大亚洲市场 ● 发展医疗市场 ● 追求健康、美容 ● 老龄化造成医疗市场的扩大 ● 智能手机的普及，IT、物联网技术的加速发展	● 国内市场日益成熟 ● 精密仪器制造商进军医疗市场 ● 美容产业、健康产业的竞争激化 ● 监管保护使竞争失去了自由，并阻碍了新参入者 ● 免费业务、无限使用业务的发展加速 ● 突破性的技术急剧减少
S：优势	**课题：S×O**	**课题：S×T**
● 集中于大量生产&销售业务 ● 扁平化组织与分层组织的区分 ● 培养能够应对变化的人才 ● 先进的纳米技术 ● 印刷技术，医疗技术，成像技术，胶片制造技术	● 积极扩大海外市场 ● 加强医疗&制药&化妆品&健康保健品的事业开发 ● 积极扩大亚洲市场 ● 定期购买、拓展会员制业务 ● 构建全球供应链管理网络	● 将目标从国内市场转移到亚洲乃至全球市场 ● 增强与美国企业的竞争力 ● 实现即使在通货紧缩经济中也能产生高利润的成本结构 ● 摆脱安逸的廉价竞争 ● 生产部门、劳动密集部门的外包
W：弱势	**课题：W×O**	**课题：W×T**
● 难以应对家电、IT等更新换代较快的行业 ● 缺乏绅士风度的工作风格，不擅长政治谈判 ● 大量的专利和技术处于睡眠状态，无法有效利用 ● 与最尖端企业相比，IT应用不足	● 选择并专注于稳定且大众的市场（大众业务） ● 通过M&A促进多边化（转换为积极方案） ● 以产品&质量树立独特的定位 ● 加速生产和物流外包业务	● 劳动密集型业务的缩减（放弃或外包） ● 积极提供产品免费试用 ● 拓展网上购物、定期购买业务 ● 加强网上购物的IT技术支持（增加新客户及回头客）

通过分析过程使业务流程可视化

通俗易懂地将整体思路说明给读者和听者

⊙ 通过流程图和模块箭头阐明步骤

如果工作涉及前后关系，使用流程图进行说明的话会更直观。我试着制作了关于新业务开发的流程图（请参照下一页的示意图），涉及设定主题、调研、基本计划、可行性评估、详细计划、试用、正式实施等环节，详细步骤请看流程图。

流程的连接可以使用小箭头，也可以通过组合箭头来创建大箭头。下一页的两个图表示的内容是完全一样的，但形式可以多种多样，如果是有顺序的步骤，使用流程图和箭头表示会更容易理解。

用箭头连接并用流程图展示

新项目开发流程图

1	设定主题	探索新项目，并决定主题
2	调研	市场调查、收集信息、探索需求与"种子"产品
3	基本计划	新项目的概要、销售利益的计划、战略方案
4	可行性评估	基本计划的评估、开发新项目的决定
5	详细计划	项目的详细计划、经营资源的协调和准备
6	试用	小规模地进行试用、试错，为正式实施做准备
7	正式实施	大规模地进行实施，确保销售利益

用模块箭头来表示过程（与上述内容相同，图表格式不同）

设定主题	调研	基本计划	可行性评估	详细计划	试用	正式实施
探索新项目并决定主题	市场调研、探索需求与「收集信息、种子产品」	新项目的概要、销售利益的计划、战略方案	基本计划的评估、开发新项目的决定	项目的详细计划、经营资源的协调和准备	小规模地进行试用、试错，为正式实施做准备	大规模地进行实施，确保销售利益

● 使用模块箭头，也可以展示流程图

⬤ 用流程图来表示详细过程

当无法用箭头来表示复杂的流程时，使用流程图会很方便。流程图是以纵轴或横轴作为部门，详细记述业务流程的手法。简单的业务流程用模块箭头，复杂的业务流程用流程图。

流程图可用于业务改革、信息系统设计及创建操作手册。首先，如需做业务改革，可以使用流程图来分析当前的业务状态。另外，为了明确业务改革后的状态，也可以利用流程图。并且，流程图也可以应用于每天反复操作的业务手册。通过可视化流程，可以看到整体业务的结构。

将汇报资料及演示稿资料整理在一张纸上的时候，流程图就会派上用场。例如，通过一张纸就能弄清楚背景、目的、现状分析、事业方针、事业概要、策划的详细内容等的整体流程及相互关系的话，可以在短时间内得出整体结构及结论。用一张纸整合整个流程的话，更容易说明且听者的理解度也会提升。

使用流程图便于分析业务状况

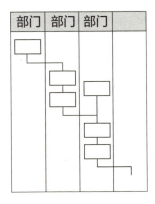 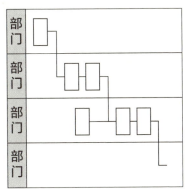

- 将流程图应用于业务分析、业务设计
- 无论是横向还是纵向，采用便于制作的方法即可

流程图的应用

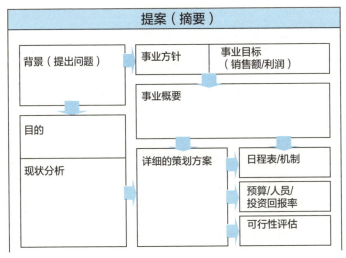

- 也可应用于用一张纸总结摘要时

19

阐明理念

用简洁的语言表达"总而言之"

◯ 理念是解决问题的精髓

A公司的经理先用一句话对经营改革方针进行了概括："要加强集团的经营管理。"随后用3分钟的时间向股东解释了该方针的概要。B公司的经理则是各花30分钟的时间向股东说明公司的状况和经营改革的方针。假设A公司和B公司都有5000名员工，你认为哪家公司的员工理解得透彻一些呢？

如果公司规模小、仅有几个员工的话，改革方针是很容易被理解且相对好落实的。但是，越是大规模的公司，老板与员工之间的距离越是疏远。要想给众多的员工传达企业的经营方针，简单而明了地表达观点是最有效的。

为了简单而明了地表达观点，就要强调"总而言之"的内容。

在信息过剩的时代，丢弃不必要的信息比收集信息更为重要。所谓理念，就是将基本方针用简单的语言表达出来的东西，再者就是汇集了解决问题的精髓的东西。理念可以直接理解为"概念构成"，其实就是用简洁的语言来表达"总而言之，我到底想说什么"。

传达理念更容易被理解

哪个更容易理解呢？

A经理

B经理

- 一句话概括"我们要加强集团的经营管理"
- 用3分钟说明重点

- 30分钟说明公司的现状
- 30分钟说明公司的方针

> 理念是指用简洁的语言表达的基本方针。

大多数经营改革都是理念

CSR
（企业的社会责任）

加强集团的经营管理
（控股公司）

灵活经营、轻资产经营

SCM
（供应链管理）

合法经营
（遵守法规）

客户至上
（客户第一的原则）

改变工作作风

在进入具体的阐述之前，先点明"总体的方针""要怎么解决"，简洁明了地传达出要点，也就是理念。例如，"加强集团的经营管理、强化灵活经营"就是一种改革理念。

◉ 几种理念

丰田汽车实践5R理念，致力于解决环境问题。5R指的是Refine（替换）、Reduce（降低）、Reuse（再利用）、Recycle（再循环）、Retrieve Energy（能源利用）的英文首字母的统称。

在决定团队运营方针时，也一定要简洁明了地阐述理念。比如速度（Speed）、简单（Simple）、微笑（Smile），就可以用英语单词首字母记忆为"3S"。

另外，越来越多的公司采用一站式服务的理念来改革客户服务。这个理念的意思是，由一家公司负责解决所有环节的问题（提供解决方案）。

以理念传达方针

【例1】 丰田汽车的5R理念（有效利用资源）

① Refine（替换），通过变更材料减少废弃物并扩大再利用范围

② Reduce（降低），研究开发降低废弃物的设计和生产技术

③ Reuse（再利用），在同一工艺中重复利用废弃物

④ Recycle（再循环），有效地将废弃物应用于其他环节

⑤ Retrieve Energy（能源利用），能源有效运用于生产活动

【例2】 团队运营方针的示例

团队运营要注意"3S"

速度
简单　微笑

【例3】 客户服务的改革

一站式服务/解决方案

负责解决客户的所有问题

【例4】 灵活经营的案例

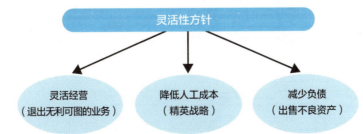

灵活性方针

灵活经营
（退出无利可图的业务）

降低人工成本
（精英战略）

减少负债
（出售不良资产）

有助于解决问题的SEP

按照"分析—整合—评估—书面化"的流程提出想法

⬤ SEP是短期内解决问题的思考过程

我们每天都在解决各种问题，吃饭就是解决饥饿问题的方法。日常反复出现的问题会在不知不觉中得到解决。但是，那些不常发生而且无法在不知不觉中解决的问题就需要运用一定的技巧，例如，暑假期间去哪里玩？如何处理陷入困境的工作？

这里有一个简单的思考过程，可以用来轻松地解决问题，那就是SEP（系统、工程、过程的缩写）。SEP也是NASA（美国国家航空航天局）开发的能开发智慧的程序。具体来说，就是按照"分析—整合—评估—书面化"的顺序进行思考。

确认好目的后，收集信息并进行分析。在分析的过程中，你会发现很容易找到解决方案的灵感，甚至可以想出几套备选方案。整合是指，提出备选方案并进行综合的思考，并在制定备选方案的意义上加以使用。评估几种选项，以确定最佳解决方案。同时书面记录下决定

催生想法的 SEP（系统、工程、过程）

提出想法的过程

确认目的	所有经营活动的第一步
分析	收集信息并进行分析
整合（做出备选方案）	● 提出解决方案的想法后进行综合性思考 ● 做出解决方案的备选方案
评估（包含决策）	评估备选方案后做出决定
书面化	书面整理信息

SEP 的应用案例①

【目的】暑假去哪里玩呢？

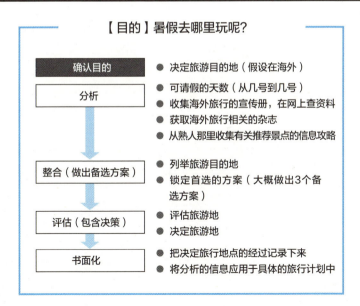

确认目的	● 决定旅游目的地（假设在海外）
分析	● 可请假的天数（从几号到几号） ● 收集海外旅行的宣传册，在网上查资料 ● 获取海外旅行相关的杂志 ● 从熟人那里收集有关推荐景点的信息攻略
整合（做出备选方案）	● 列举旅游目的地 ● 锁定首选的方案（大概做出3个备选方案）
评估（包含决策）	● 评估旅游地 ● 决定旅游地
书面化	● 把决定旅行地点的经过记录下来 ● 将分析的信息应用于具体的旅行计划中

最终解决方案的思考过程，以便说服第三方。

当需要解决一些小问题或者寻找解决方案受阻时，请想起SEP。

◯ SEP的应用示例

下面介绍一个使用SEP思考过程的应用示例。解决问题的目的设定为"暑假去哪里玩呢？"，我们一起拓展一下吧（请参考第93页的示意图）。

首先，确认好目的后，收集有必要的信息。通过旅行社以及互联网，收集旅行地相关的宣传册。如果事先已定好旅游的预算、时间、国内还是国外等，会缩小收集信息的范围，节省时间。把想去的旅游地范围缩小到3个地方，然后再结合自己的期望和预算进行评估，并决定1个目的地。最后，作为总结把信息进行书面整理，将选择旅游目的地的过程记录下来。

SEP 的应用案例②

【目的】找一只正在上涨的股票投资

确认目的
- 确认投资股票的目的
- 确保投资预算并确认预算上限
- 明确退出的标准

分析
- 把握经济动态
- 多角度分析股价
- 探索有潜力的企业
- 分析有潜力的企业

整合（制定备选方案）
- 列举投资备选企业（十几家）（为了不错过任何机遇，最好广泛列候选企业）

评估（包含决策）
- 缩小投资备选企业范围（几家）
- 风险管理
- 决定要投资的企业

书面化
- 记录从评估到决定的过程
- 记录投资后的情况

SEP 的应用案例③

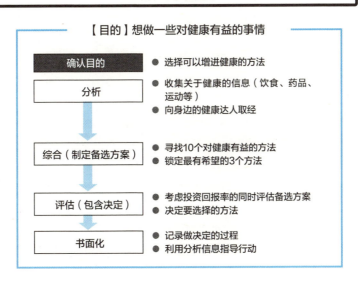

【目的】想做一些对健康有益的事情

确认目的
- 选择可以增进健康的方法

分析
- 收集关于健康的信息（饮食、药品、运动等）
- 向身边的健康达人取经

综合（制定备选方案）
- 寻找10个对健康有益的方法
- 锁定最有希望的3个方法

评估（包含决定）
- 考虑投资回报率的同时评估备选方案
- 决定要选择的方法

书面化
- 记录做决定的过程
- 利用分析信息指导行动

通过"选择性思考"扩大可能性

先提出多种备选方案，再缩小范围

⬤ 有备选方案和没有备选方案的区别

很多人都执着于偶然想到的点子，而忽略了其他可能性。另外，似乎有很多人喜欢针对随意提出的经营话题讨论做还是不做。

这里的重点是，在坚持一个偶然出现的想法之前，应该先停下来思考一下其他可能性，这样可以避免做出失败的决定。举个例子，如果您正在考虑一项新业务，那么不要固守一个想法，要广泛探索其他可能性。

如果只针对某一个随意提出的想法讨论做还是不做，是非常片面的。先考虑是否有其他解决方案，列出各种备选方案后再不断缩小范围，效果会更好。这就是"选择性思考"。通过选择性思考开阔视野，制定各种各样的备选方案，然后筛选出最具吸引力的解决方案。

不要固守一个方案，要制定备选方案

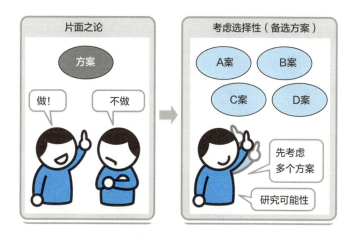

选择性思考的应用场景

▶ 想转变发展方向时
▶ 想突破现状、创新时
▶ 想提出好的想法时
▶ 想做出重大决定时

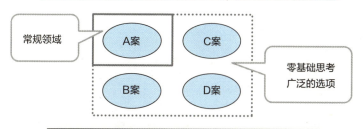

不忽视新的可能性的技巧

● 坚信一定会有更好的方案
● 考虑是否因偏见错失良机
● 考虑有没有更根本、效果更好的解决方案

◉ 360度全方位考虑，提出备选方案

选择性思考可适用于想转变发展方向时，想突破现状、创新时，想提出好的想法时，想做出重大决定时等场景。

举个例子，以"思考本公司物流改革的理念"为主题，假设作为备选的方案有"A方案：公司内部改革""B方案：发展子公司""C方案：业务外包"等3种情况。结合以上3个方案，为了发掘更佳的方案，可以通过讨论从广泛的选项中做出决定。

此外，选择新家住址时，也可以采用选择性思考的方式。购买还是租赁，是否和父母同住，这些都可以考虑到很多备选方案。综合所有的元素最终选择一个理想的方案。

为了开阔备选方案的视野，建议采用MECE分析法（没有遗漏和重复的状态，参考第40页）。举个例子，搬家时提前考虑"自购""自购以外""别墅""集体住宅"，阳面还是阴面，是否是南北通透型等，都可以成为构思备选方案时的灵感和提示。

用 MECE 分析法思考有利于开阔视野

（例）思考本公司物流改革的理念

A方案
在公司内部进行改革

B方案
子公司化

C方案
业务外包

本公司vs.公司以外（子公司，其他公司）

（例）考虑搬家

A方案
购买公寓

B方案
购买别墅

C方案
租房

D方案
租别墅

E方案
公司宿舍

F方案
与父母同居

自购vs.自购以外（租赁、公司宿舍）
别墅vs.集体住宅

● MECE分析法的秘诀是思考"除此之外""对立面"的情况

360 度全视角，从内到外不留死角

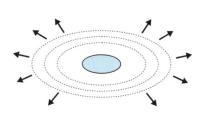

正面

背面

22

确保决策过程的完整性

<u>"确认目的—制定备选方案—评估—决策"</u>

◯ 将备选方案的评估、决定过程透明化

所谓决策就是"决定分配不可逆的经营资源"。明确决策的经过，具体地说就是"决策过程"，并使其透明化。决策过程是指，"确认目的—制定备选方案—评估—决策"。这一系列的过程需要明确，并且要保持完整性。

评估备选方案时，建议从定量评估和定性评估两方面进行。定量评估是指，将数量或金额用数值评估分析的一种方法，预估销售额和利润就属于典型的定量评估。而定性评估是基于感性和直觉的，无法换算成数值进行评估，类似于有设计性的诉诸感性的东西就是定性评估的一种。将定量评估和定性评估结合起来进行，更容易识别备选方案的好与坏。

制定备选方案，评估并决策

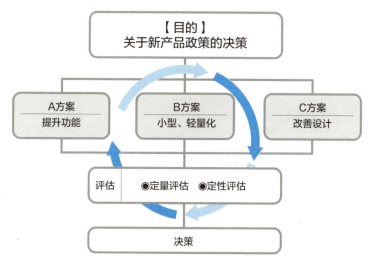

● 反复改进备选方案后，最终决定最优方案。

评估方法分"定量评估"与"定性评估"

"定量评估"

项目	A方案	B方案	C方案
销量预测	24万个	15万个	20万个
单价	1900日元	2800日元	2200日元
成本/个	1000日元	1600日元	1200日元
收益	2.16亿日元	1.80亿日元	2亿日元

"定性评估"

定性评估项目	A方案	B方案	C方案
加强品牌宣传	△	◎	○
价格满意度	◎	△	○
相较其他公司的优势	◎	○	△
顾客满意度	○	◎	○
媒体传播	○	○	×
综合评估	○	○	△

◉ 评估并改进备选方案

在商业世界中最无用的行为就是抬杠和毫无根据的指责。不要笼统地讨论A方案好还是B方案好，明确好评估项目后，客观地根据评估项目进行评估才是上策。此外，通过综合定量评估和定性评估，可以向第三方提供更有说服力的评估结果。

评估各个备选方案后，从中选出最优的一个方案。但是，如果因各个方案的评估都比较相似而难分优劣，请改进各个备选方案。经多次改进后，如果有了令人满意的方案，就可以采纳那一种。

让我们以家用电器制造商新产品政策的决策过程为例思考一下。首先，明确备选方案有："A方案：提升功能""B方案：小型、轻量化""C方案：改善设计"3种。其次，针对备选方案进行定量评估、定性评估，比较并研究其优劣程度。在对备选方案的评估过程中，进一步改进A案、B案、C案，假设最终选择采用C'方案。在C'方案的基础上，再做出更加具体且详细的"C1方案：角色合作""C2方案：品牌方合作""C3方案：知名设计师合作"3个方案。针对上述3个备选方案再次进行定量评估、定性评估后，最终决定一个理想方案。

评估并改进备选方案以达成最终方案

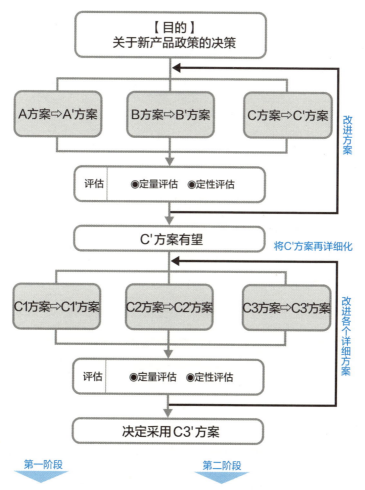

第一阶段

"A方案：提升功能"

"B方案：小型、轻量化"

"C方案：改善设计"

第二阶段

"C1方案：角色合作"

"C2方案：品牌方合作"

"C3方案：知名设计师合作"

● 起初可以大胆地尝试，逐步锁定有望的方案

23

使用ECRS原则进行"舍弃"

按照"E→C→R→S"的顺序思考

◯ 舍弃是最高级的能力

整理收纳的基本是，首先要舍弃不必要的东西。其次，将必要的且是同一类的事项进行分组。最后，明确存放位置，维持井井有条的状态。

如果再进一步提高舍弃能力，并用ECRS原则考虑改善方案，会降低改进所需的劳力。ECRS原则会给出改善现状的提示。ECRS中的E（Eliminate）表示舍弃、排除、废除，C（Combine）表示二合一、合并，R（Re-place）表示重组、交换，S（Simplify）表示简化和单纯化的意思。

ECRS的顺序非常关键。首先要考虑E（舍弃），在E不可行的情况下再考虑C（合并），如果C也不可行可考虑R（重组），最后才是考虑S（简化）。我们以保留现有的东西为前提，往往只倾向于考虑S（简化）。但是，在实施S的改善方案时，会意外地花费很多时间和精力。因此，只有按照E→C→R→S的顺序考虑问题，才能在短时间内获得高效的解决方案。

整理收纳的 4 大流程——懂得舍弃才能轻松

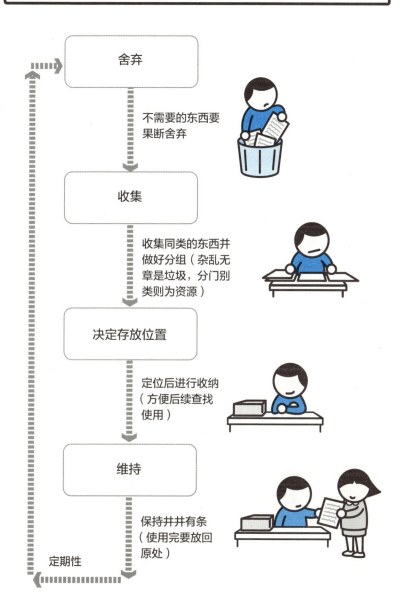

舍弃

不需要的东西要
果断舍弃

收集

收集同类的东西并
做好分组（杂乱无
章是垃圾，分门别
类则为资源）

决定存放位置

定位后进行收纳
（方便后续查找
使用）

维持

保持井井有条
（使用完要放回
原处）

定期性

⬤ 用ECRS改进更加轻松

如果E和C不可行，考虑采用R（重组）。重组原则包含业务、人、场所、材料等的重组。业务的重组就是外包，例如，将信息系统的运营外包给一家专业公司，则可以代替公司内部信息系统部门的工作。重组企业员工，可以考虑用临时工替代正式工。同样，场所的重组包含销售以及生产基地的重组，材料的重组可以考虑用廉价的材料和部件代替，等等。

如果还是行不通，S（简化）可以作为最后的手段考虑。即使原本的业务可以存续，也要考虑是否可以在短时间内完成，是否可以做到更加合理妥当。

考虑解决方案时，一定要想起ECRS原则，它会帮助你找到高回报率的解决方案。

用 ECRS 原则思考改进方案更加有效

ECRS（舍弃→合并→重组→简化）

	ECRS	内容	示例
1	E （Eliminate）	舍弃	▶ 消除不必要的输出 ▶ 避免重做和修改 ▶ 放弃投资回报率低的项目 ▶ 不做"尽量做"的工作
2	C （Combine）	合并	▶ 合并会议，减少次数 ▶ 团队分工工作 ▶ 聚在一起方便讨论（沟通更加顺畅） ▶ 分担类似的工作
3	R （Re-place）	重组	▶ 更换为高性能的设备 ▶ 更换材料 ▶ 从面谈会议更换为电视会议
4	S （Simplify）	简化	▶ 缩短会议时间 ▶ 缩短汇报时间 ▶ 为了达成目的，减少不必要的资料 ▶ 分工要明确

● 首先，考虑最省时省力的"放弃""舍弃"

● 如果不可行，可以考虑将两个以上的事项进行"合并"

● 其次，考虑是否可以"重组""简化"

24

用图形框整理相互关系

"独立""包含""重复"是基本形式

◎ 用图形框明确相互关系

　　文字说明和图解的区别是，图解会表达得更加淋漓尽致，而不只是模糊地说明。例如，书面文字可以用"今天的地铁非常拥挤"表达地铁的拥挤程度，而用图解说明地铁的拥挤程度时，则需要呈现具体的拥挤情况及人数。

　　在图解说明中，需要明确构成要素的相互关系。例如，假设有两个构成要素，一定要明确两者是否是独立的，是否有包含关系，是否有部分重复的关系等。"独立""包含""重复"是相互关系的基本形态。

　　如果构成要素是独立的，可以用箭头表示双方的关系。双方的关系中，主要的关系有"对立""双向""顺序""因果"。对立的关系可以用双向箭头表示，双向的关系可以用向左和向右的两个箭头表示，用一个方向的箭头来表示顺序。

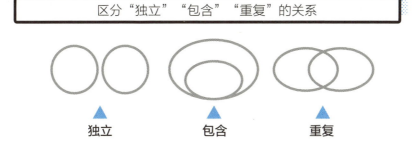

区分"独立""包含""重复"的关系

▲ 独立　　▲ 包含　　▲ 重复

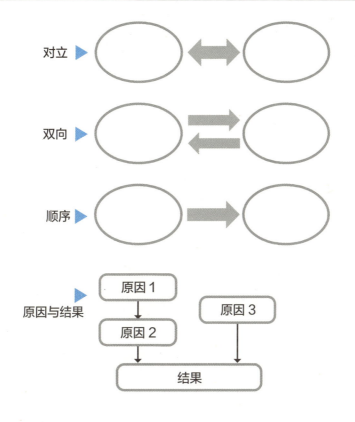

独立要素之间的关系

对立 ▶

双向 ▶

顺序 ▶

原因与结果 ▶

原因1

原因2

原因3

结果

◉ 图解的基本形式

预先掌握图解的基本形式，要比从零开始思考轻松很多。"镜饼"（指供奉给神灵的扁圆形的年糕，日本的家庭在过新年的时候会装饰在家中，祈求新的一年一切顺利平安）的形状就像年糕重叠在一起，表示在稳固的基础上堆积起来的状态，也可以说是一种立体的包含关系。"随机相关"是用箭头连接构成要素的因果关系，一般在因果关系复杂的情况下使用。因果关系相对简单时，可以使用"循环式"图解。"循环式"图解是指，用箭头将3个以上的构成因素沿1个方向连接起来。"平台"（Platform）是在大的基础上排列构成要素的图解，由此可以表示公共基础稳固的状态。

同时也有附带条件分支的"Yes / No"（是/否）形式。例如，左侧为"Yes"（是），右侧为"No"（否）。另外，还有多层堆叠的"目录"。"目录"是用于计算机的文件结构和软件的工具栏（指令列表）的分层结构。

图解的几种基本形态

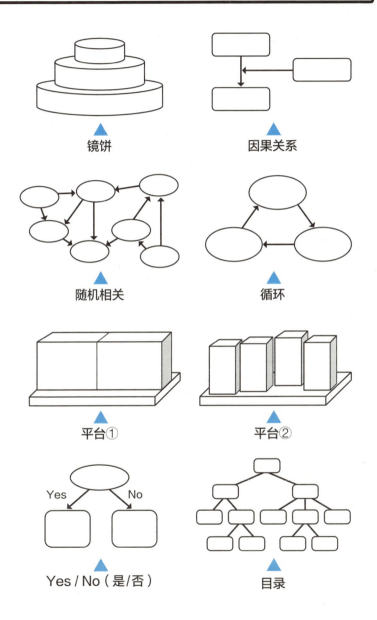

镜饼

因果关系

随机相关

循环

平台①

平台②

Yes / No（是/否）

目录

25

用箭头整理因果关系

为了更好地集思广益

⬛ 尝试写出关键词（便利贴）

如果整体思路比较模糊，可以先通过头脑风暴写出关键词。大致写出关键词后，使用"随机关联"的方式，用箭头将关键词连接起来。

接下来，我们通过具体示例思考一下吧。假设某个公司想了解"为什么员工没有干劲儿"，就可以利用关键词展开思考。

"陈规旧套的蔓延""销售不稳定"等，把想到的关键词都写下来。你可以在A3纸上书写。再者，在黑板上整理便利贴上写的内容，便于重新排列。使用便利贴可以最大限度地减少重写、作废纸张的频率，用起来会更加简便。召集相关人员，数人围着黑板，在便利贴上写下问题点。

集齐问题点后，按照"原因→结果"的顺序，将相关联的关键词用箭头连接起来。通过箭头的指向，可以找到问题发生的原因。

首先，通过头脑风暴写出关键词

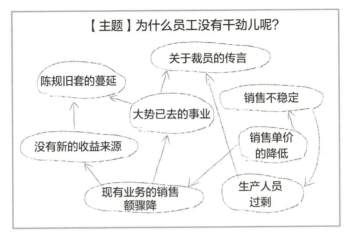

【主题】为什么员工没有干劲儿呢？

● 几个人围着黑板，在便利贴上写出关键词并整理

用箭头缕清相互关系后，再重新排列

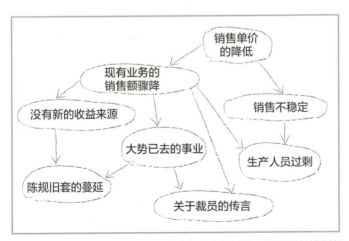

● 即使是一个人，也可以在便利贴上写出关键词，这样重新排列起来会更容易。

⦿ 用列举出来的关键词作成图解

接下来，让我们一起思考一下从提取关键词到作成图解的过程吧。话题是关于"全球化下日本存在的问题及对策"。

首先，在A3纸上写出关键词。可以是体现日本经济现状的关键词、备选的新业务……总之把想到的关键词都写出来。如果难以用关键词表达，可以用简短的段落表达。

写完后，概观整体的同时，考虑应该以何种切入点进行分组。

比如说，日本整体的问题作为A，个别企业的问题作为B，用彩笔标注（请参考下一页的图解）。

通过进一步归纳分类的项目，最终将它们分为三个左右的大类别。因为如果设定为三个左右的大分类的话，更容易把握整体。可以一边思考因果关系，一边用箭头连接起来。

写出关键词的同时，在头脑中整理"到底想表达什么"

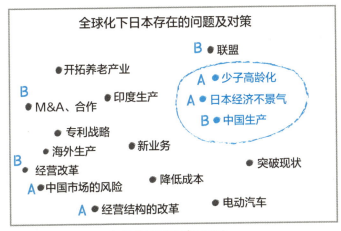

- 明确要表达的意思→把想要表达的内容写在纸上
- 列举摘要内容，列举关键词

手写并勾勒轮廓

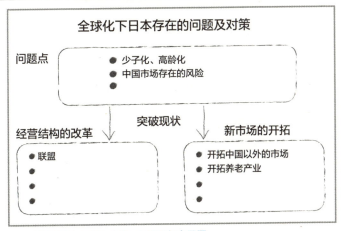

- 做出3个左右的大分类，手写图解布局图

26

区分图解的6种模式

考虑内容之前先考虑整体布局

⬤ 轻松制作图解的技巧

当头脑思维混乱时，可以写下关键词并最终用图解进行总结。一旦习惯了图解，首先考虑整体布局会觉得更加轻松。例如，如果想整理成3个流程，可以先画出图形框和箭头，用图形框和箭头做好布局后，再填入关键词。

随着图解使用越来越熟练，我们就可以画草图。根据需要在图形框里填写几个关键词，就可以誊写到电脑里了。

布局图的主要流程有：从上到下、左右双向、从左到右（从右到左）、随机等。通过确定首先使用哪种布局，可以在创建图解时最大限度地减少反复试错和重写的次数。

图解高手通常先考虑布局图再考虑内容

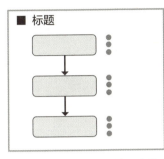 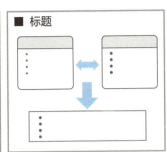

● **大致定好布局后再编写文字或文章**
● **逐条写文章时，要加上记号**

图解的基本流程图

从上到下

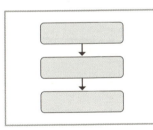

左右双向

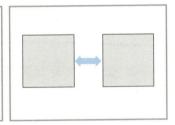

从左到右（从右到左）

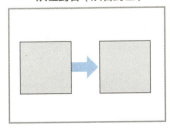

随机

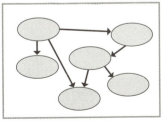

⬡ 图解的 6 种模式

图解模式可以系统地分为6种：相互关系图、过程图、层次图、矩阵图、表格与图表、插图。

第1种是相互关系图是整理各类信息所需的最基本的方法。

第2种是过程图，可用于分析业务状况及操作手册。请记住，只要是涉及顺序的，就用过程图。

第3种是层次图，在整理大量信息时非常方便，逻辑树就是典型的层次图。通过层次图整理信息的大小关系及因果关系，信息就能一览无余。

第4种是矩阵图，利用直角交叉的坐标轴整理各类信息，它可以用于各种分析方法。

第5种是表格与图表，可以使用表格软件轻松制作。

第6种就是插图，具有直观的表达优势，可以很好地表现动作或氛围，或通过气泡对话框的形式传达信息。

先想好采用哪种图解

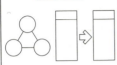

相互关系图

- ● 体现相互关系
- ● 体现因果关系

用法示例

整理信息、因素构成、说明概念

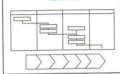

过程图

- ● 体现顺序和步骤
- ● 分析过程

用法示例

业务分析、顺序说明、过程说明

层次图

- ● 用层次图处理大量信息
- ● 系统地整理大小关系以及因果关系

用法示例

逻辑树、整理课题、整理信息

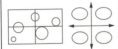

矩阵图

- ● 运用坐标轴整理信息
- ● 使用格子（矩阵）映射信息

用法示例

多角度分析、战略分析、映射（定位）

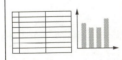

表格与图表

- ● 用表格整理数据和信息
- ● 将数据信息制成图表

用法示例

分析销售情况、分析成本、整理信息

插图

- ● 用插图表达状态
- ● 用气泡的形式传递信息

用法示例

对话、传递形象、减少文字数量

第二部分

2

表达逻辑

"你到底想说什么？"

先阐明观点及提案，再谈技巧

◉ 在自己擅长的领域内进行说明

过于迎合他人的话，谈话反而会变得很乏味。不管对方说什么你都只回应"对，没错"的话，是无法再深入扩展话题的。你可以在尊重对方意见的同时加上你自己的意见，这样才能拓展谈话的广度和深度。

无论是你还是对方，都有各自擅长的领域和不擅长的领域。通过灵活运用彼此擅长的内容进行交谈，可以丰富对未知世界的了解。举个例子，以消费者的立场考虑，肯定认为蔬菜越便宜越好。但是，从有丰富种植经验的人的立场考虑，蔬菜的高价格传递出的是种植蔬菜的不容易。由此，我们可以看出，消费者一般不会站在种植方的角度考虑问题。

◉ 区分自己的意见和他人的意见

从别人那听到的一句话，如果在未加理解的情况下乱引用，很可能会变得没有说服力。举个例子，假设你告诉对方："氨基酸饮料好

在自己的立场上说话会很轻松

如果是自己提的意见，会自信满满

● 自己充分理解并思考后，即使他人提出疑问也不会动摇

● 前言不搭后语
● 不知是事实还是推测

像对身体很有益。"对方反问："喝氨基酸饮料，会不会糖分摄取过多呢？"这时，你会不会很尴尬呢？好不容易收集到的信息，反而可能会成为被反驳的素材。

相反，自己亲自体验并验证确实对健康有益时，再将成功案例告诉对方，这样会更有说服力。然而，想要验证自己收集的全部信息是不现实的。因此，要养成区分自己和他人意见的习惯。如果将其他渠道获取的信息和自己的意见区分开，即使被反问"是真的吗？"也不会轻易动摇。

◉ 明确观点以及提案

有些人习惯长篇大论，不知道到底想表达什么。举个例子，有些人虽然在很努力地说明情况，但别人还是听不懂"他到底想表达什么"。仅仅是情况说明是难以传达具体想表达的内容的。因此，我们要养成说话的同时思考"自己到底想表达什么"的习惯。

正因为有自己的观点和提案，我们才有表达的欲望。而情况说明等提供的信息，需作为观点及提案的有力佐证。

表达时需思路清晰，即非常清楚地了解自己想要表达的观点及提案，这样才能过滤掉扰乱我们表达观点及提案的多余信息。缩小范围，明确"到底想表达什么"之后再思考，就能轻松地找到有说服力的佐证材料。

明确自己想表达什么

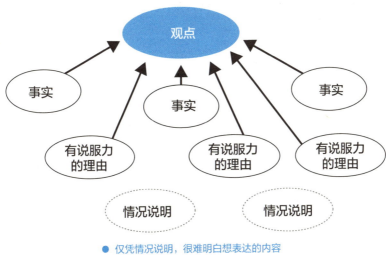

● 仅凭情况说明，很难明白想表达的内容
● 说话的同时思考"自己到底想表达什么"

克服怯场的 3 个方法

28

开会、商谈、打电话之前创建备忘录

不能放松事前准备

◯ 在会议之前做好备忘录

在碰头会或会议结束之后，你是否懊悔过"当时先确认就好了……"呢？举个例子，在商谈会上确认了预算问题，但是却忘记确认交货期，之后就只能再打电话特意确认此事。此外，由于开会时未确定下次开会时间，导致办公室的工作人员不得不一一联系参会人员，在协调上花费了很多时间。如果忘记确认事项的话，就会造成意想不到的麻烦。

因此，在与他人会面谈话时，提前做好备忘录，是不是很有必要呢？这是因为在与人交谈时，人们很容易受到闲聊的影响脱离正常话题，而无法确认关键点。所以，为了防止遗忘，建议提前做好备忘录。再者，可以提前做好议程备忘录、会议议题备忘录，以电子邮件的形式发给相关人员提前确认。

◯ 在打电话之前做好备忘录

你是否有过挂断电话之后再次打电话确认遗漏事项的经历？刚挂

在开会之前做好备忘录

与A公司商谈的备忘录

①确认交货期、日程表
②确认预算
③确认要求事项
④确认下次商谈的时间、
地点、参会人员

在打电话之前做好备忘录

给B公司打电话的备忘录

传达事项
①建筑许可证的下发时间及许可证编号
②通知竣工时间
③通知计划变更之处

确认事项
①确认B公司的转账时间
②确认财务负责人的姓名
③确认要求事项

谈判前提前想好妥协点

Win　　Win

- 提前想好对方可以接受的结论
- 提前考虑将双赢的条件作为妥协点

完电话，接着又打过去，是不是觉得很尴尬呢？对方正想电话终于打完了，可是刚挂断紧接着又接到你的来电，他会认为你是抓不住重点的人。所以，为了一次性搞定，建议你事前做好备忘录。

传达的事项较多时，可以在打电话之前将传达事项逐条写出来，通过电子邮件或传真的方式发给对方，这样可以事先给对方预留思考和回答的时间。另外，能用电子邮件解决的事尽量用电子邮件解决，这样既不会约束对方的时间，也会让对方觉得你很体贴、和善。

⬤ 谈判前先设定好底线

谈判的时候，如果事前不考虑好原则和底线的话，谈判后一定会后悔。举个例子，在谈判中对方提出："麻烦再降一点价格。"在这种反复的降价请求中，你很可能会妥协，接受没有利润的价格。

因此，在谈判之前决定好"妥协点"是很有效的。所谓妥协点，就是谈判结束时处于怎样的状态才能称之为成功的落脚点。举个例子，这次会面的主要目的是让对方满意我的提案内容，且为了顺利带入下次的报价环节，在谈判前决定好妥协点。

谈判前，作为绝对不可妥协的最低条件，必须决定一个分界线。如果对方的要求低于你的心理预期，就要做好放弃谈判的心理准备，不然即使你竭尽所能也可能无法获利。

《礼记·中庸》说："凡事预则立。"《孙子》也提醒我们"知己知彼，百战不殆"。由此可见，如果提前做好准备，可防患于未然。

谈判前先设定好底线（最低可接受条件）

坚守底线，低于这个底线
就不卖

预期利润

最低要确保的利益

必要经费

采购成本

最低销售价格

定价

- 设定底线，低于底线时就有决心拒绝
- 如果不设定底线，可能会陷入没完没了的降价请求中

用三角逻辑有逻辑地表达

保持"观点（结论）""论据""数据（事实）"的一致性

◉ 学会有逻辑地表达（需明确"为什么"）

假设有一个陌生人告诉你说："这个公司的股票马上要涨了，一定要趁现在买进。"你是否会对这个莫名的消息产生疑惑，疑惑"为什么会上涨"？

反过来，如果是你信赖的人跟你说同样的话，你是不是会想"这或许是真事儿"。

如果是身边的人，即使不合逻辑也可以聊得来。如果是熟人，即使不用说明"为什么"，也可以说得通。但是，如果有一个不熟悉的人向你提出一些令人存疑的建议，你会不会觉得这个人不靠谱呢？要想说服他人，如果无法确切地回答对方"为什么"，是不具有说服力的。而逻辑性是指"有条理"，所以，针对对方提出的质疑，应该有条理地贯穿起来。

◉ 逻辑的三大要素——三角逻辑

三角逻辑体现了逻辑的三大要素。如第20页所述，三角逻辑的

有逻辑地表达出来，即要明确"为什么"

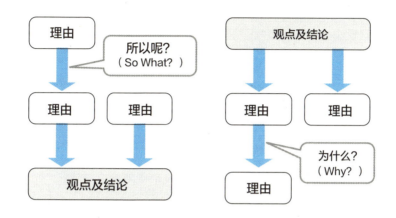

用三角逻辑将观点与论据结合起来

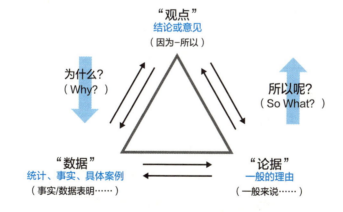

观点	指话题的结论、提案或意见、推论	
论据	原理、原则、规律性、一般倾向、常识等理由	
数据	支撑观点的客观性统计数据、事实及具体案例等	

注：但是，数据和论据不可信的话，观点就无法被接受。

"观点（结论）""论据""数据（事实）"等3个要素无冲突且保持一致性，称为逻辑性。

"观点（结论）"是指话题的结论、提案或意见、推论。"论据"是指原理、原则、规律性、一般倾向、常识等，可让人自然而然接受的说服理由。"数据（事实）"是指支撑观点的客观性数据及事实。

为了让对方信服，需将作为说服材料的数据与论据明确地传达给对方。此外，如果观点不明确，也难以准确地传达给对方。举个例子，如果你只说"少子高龄化太严重了""经济不景气"，而没有明确传达出你的观点及结论，是很难说服对方的。

⬤ 学会灵活运用三角逻辑

考虑一下，如何用三角逻辑思维有逻辑性地阐述例题中的观点："买公寓还是选择购买性价比高的地铁周边的公寓。"数据方面，可以对比新建公寓和二手公寓的销售情况。论据方面，阐述这里离地铁比较方便，转卖时容易出售。灵活利用数据和论据，可构成具有说服力的观点。

"例题：如果你想成为搞笑艺人，那就想办法在脱口秀节目中脱颖而出。"这个结论是怎么得出的呢？从数据上看，长期从事搞笑节目的艺人大部分都是主持人；论据方面，观众普遍容易喜新厌旧且才艺很难推陈出新。通过将数据和论据作为说服材料，如果还无法确切地回答"为什么"，就难以成为有说服力的观点。

如果想成为一名搞笑艺人，那就想办法在脱口秀节目中脱颖而出

"观点"

搞笑艺人的人气只是一个契机，重要的是要赢得脱口秀节目正式成员的位置，最终成为像日本塔摩利[1]一样的主持人。

"数据"

- 搞笑艺人的人气不会长久
- 单一的才艺撑不过半年
- 搞笑类的脱口秀节目近年变多
- 长期从事搞笑节目的艺人大部分都是主持人（塔摩利、明石家秋刀鱼[2]、Tokoro George[3]等）
- 通过脱口秀节目长期走红的艺人很多

"论据"

- 观众容易厌烦
- 不经常出境的话容易被遗忘
- 才艺需要推陈出新
- 只有知名度提高了，才有机会赢得参加脱口秀节目的机会

---

① 塔摩利：日本搞笑艺人、广播电视节目主持人、演员、歌手、作词人、作曲家、实业家，1945年8月22日出生于福冈县福冈市。曾主持综艺节目《笑笑也无妨》《深夜塔摩利》，音乐节目《MUSIC STATION》。——编者注
② 明石家秋刀鱼：落语家、搞笑艺人、演员、主持人。——译者注
③ Tokoro George：日本歌手、搞笑艺人、演员、主持人、广播主持人。——译者注

归纳法与演绎法

归纳法注重数据，演绎法注重观点

◯ 归纳法与演绎法

学过逻辑思考的人应该听说过归纳法与演绎法。但可能大部分人只是听说而已，没有做到运用自如。如果用三角逻辑思考归纳法和演绎法，可能会更容易理解。

归纳法是指，遵循"从个别事实中读取规律，从而导出观点"的步骤。用三角逻辑进行思考的话，即按照数据→论据→观点的顺序有逻辑地进行推理。通过调查个别的事实，收集说服材料作为"数据"，之后进一步类推整理出"论据"，最后再导出结果、观点。

演绎法是指，遵循"将一般规律应用于具体的事件，引出观点"的步骤。用三角逻辑进行思考的话，即按照论据→数据→观点的顺序有逻辑地进行推理。首先，根据至今为止的经验和知识，得出一些确定的论据。另一方面，某些情况下，也可能凭直觉得到一些论据。即使是这样，也需要证明论据是否正确。为此，就需要收集能佐证论据的数据和事实。然后，基于通过试错收集的数据，采用导出观点的步骤。

归纳法与演绎法的区别（比较）

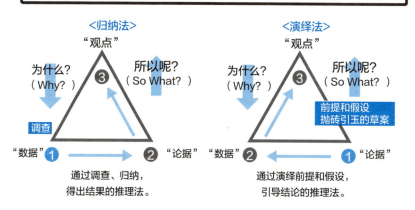

<**归纳法**>
"观点"

为什么？
（Why?）　　❸　　所以呢？
　　　　　　　　　（So What?）

调查

"数据" ❶ ──────────→ ❷ "论据"

通过调查、归纳，
得出结果的推理法。

<**演绎法**>
"观点"

为什么？
（Why?）　　❸　　所以呢？
　　　　　　　　　（So What?）

前提和假设
抛砖引玉的草案

"数据" ❷ ←────────── ❶ "论据"

通过演绎前提和假设，
引导结论的推理法。

归纳法从个别事实中读取规律，引出结论

"观点"

对A部门需要采取严厉措施。应
尽快考虑裁员或撤销业务事宜。

归纳法

"数据"　　　　　　　　　　　"论据"

- A部门的销售额为100亿日元
- 赤字20亿日元
- 预计未来也没有扭亏为盈的
  希望
- 照这样下去，三年后会陷入
  资不抵债的困境

- 不能放任赤字延续扩张
- 必须避免债务超支
- 没有前途的业务很难继
  续下去

表达的步骤

数据

⬇

论据

⬇

观点

归纳法的表达方式

数据充分的情况，使用归纳法很方便，可以在收集各种各样的数据后进行试错。

接下来思考一下下面的例题："A事业部的应对方案"（参考第135页图）。根据收集到的"数据"对现状进行分析，比如A事业部的销售额为100亿日元，赤字为20亿日元等。然后，思考由此可推理出来的事项，并整理可作为说服材料的论据。

我们不能放任赤字持续扩张而置之不理，也必须避免超额债务，这些都是关于公司经营的原则性问题。由此，可以最终引导出"对A事业部门需要采取严厉措施"的结论。

表达可以按照数据→论据→观点的归纳顺序进行说明。不过，思考过程中虽然用了归纳法，但是说明时从观点开始说起也可以。

演绎法的表达方式

想要跳出自己以往的思维圈来做一个果断的决策时，使用演绎法就很方便。我们一起思考一个例题："关于产品升级的提案"。首先，思考一些相对确定的论据，例如"通货紧缩状况下，低价产品会很畅销""同样性能的前提下，顾客更倾向于价格低的"。为了佐证这些论据，可以找到一些支撑的数据：低价杂粮酒的销售额增加，百元店（类似于中国的1元店）人气爆棚等。由此，最终可以得出"走低价产品路线"的观点。

演绎法将一般规律应用于具体的事件，引出观点

"观点"
不要只专注于奢侈品，如果更多地投入到
低价产品路线上的话，销售额就会增长。

演绎法

"数据"　　　　　　　　"论据"

- 通货紧缩还会持续
- 杂粮酒比啤酒销路好
- 百元店人气爆棚
- 家庭主妇们在拼命维持生计
- 面向奢侈品的本公司销售额骤降

- 通货紧缩状况下，低价产品会很畅销
- 同样性能的前提下，顾客更倾向于价格低的
- 制造畅销的产品是公司经营的课题

表达顺序

论据

↓

数据

↓

观点

实事求是的观察能力

学会区分事实与判断

⬤ 基于事实说话

事实与判断是两个不同的概念。如果试图通过混淆事实与判断来说服对方，那么这个说服内容是不合逻辑的。哪些内容是客观事实，哪些内容属于主观的判断，把这两个概念区分开来是非常重要的。

事实是指，任何人都无法否定的东西。通常在刑事案件中，很重视不在场证据。不在场证据必须为事实，证言必须经过取证确认是否真的属实。如果属实，可以缩小嫌疑犯范围，也可以作为审判依据。

判断是指，以事实为基础，加上经验和成见的思维形式。并不是说所有的判断都是不好的，重要的是要养成区分事实和判断的习惯。

想有逻辑地说服对方时，如果只应用判断出来的数据，那么说服力就显得非常薄弱。为了不被对方质疑"那是真的吗？不太可信"，就要尽可能使用事实作为说服材料。

【小测试】哪个是事实?

假设你和我在电车上,外面在下雨。我把在这个情景下观察到的列举了出来,请从下面的选项中选出尽可能多的事实。

① 雨下得好大

② 电车上有很多的吊环

③ 不是上班高峰,但是非常拥挤

④ 雨一时半会儿停不了

⑤ 今天电车上老年人偏多

⑥ 电车上贴着很多广告

⑦ 坐在你对面的是一位上班族

你一共选了几个事实呢?

填写答案

答案:没有事实,全部都是我的判断和推测。

事实与判断(推定)是不一样的

判断=事实+经验及成见

事实是指	任何人都无法否定的东西(客观性)
判断(推定)是指	以事实为基础,加上经验及成见的东西(主观性)

判断 ⟷	事实
● 雨下得很大	● 在下雨
● 电车上人很多	● 这节车厢里站着50个人
● 那个人很着急	● 那个人说:"快点儿!"

◉ 学会观察

我们每个人的眼前都带着一层滤镜。这个滤镜是指个人的经验及成见。因为带着滤镜，所以看同样的东西判断结果也是不一样的。我们很容易将判断误认为是事实进行记忆，所以要特别注意。

为了不混淆事实与判断，我们有必要实事求是地去观察。如果养成先充分地观察事实再做判断的习惯，那么可以极大地减少自以为是的现象。被他人问起为什么时，你能拿出事实证明也会更具说服力。

◉ 二者对比，区别显而易见

作为一个有效的说服方法，我们可以用时间的顺序来比较这两种方法。这就是在第70页介绍的Before / After法。通过比较过去与现在的变化，可以明确地体现两者的不同。另外，也可用于推测现在与将来有可能发生的变化。

我们可以思考一下过去与现在的情况有什么不同。比如说，用逐条列举的方式对比3年前的公司状况与现在的公司状况。发现有变化的部分就是公司成长或落后的部分。

用 Before / After 比较，区别一目了然

过去与现在比较

Before（前：过去）	After（后：现在）
3年前的公司状况	现在的公司状况
● 销售额：120亿日元	● 销售额：170亿日元
● 利润：5亿日元	● 利润：25亿日元
● 员工数：350人	● 员工数：500人
● 业务内容：零部件生产商	● 业务内容：组装、零部件生产商

现在与将来比较

Before（前：现在）	After（后：将来）
现在的公司状况	3年后的公司目标
● 销售额：170亿日元	● 销售额：250亿日元
● 利润：25亿日元	● 利润：50亿日元
● 员工数：500人	● 员工数：600人
● 业务内容：组装、零部件生产商	● 业务内容：生产商、直销业务

判断　　　　　滤镜（经验、成见）　　　　　判断

事实

掌握"观察能力"!

观察能力是指	● 实事求是的能力 ● 能区分事实与判断的思考能力

● 如果是事实，就可以有自信地用作说服材料

● 如果没有证据证明判断是属实的，那么就缺乏说服力

低效传达的4个原因

遗漏、专业术语、缩略词、没有查明原因的解决方法

◎ 要注意表达时的遗漏问题

有些时候会发生这样的情况，我们自以为表达得非常有逻辑，但听者似乎并不认为你表达得合乎逻辑甚至觉得难以理解。在说明的过程中，如果有一个环节被遗漏，那么听者就会搞不懂"为什么是这样"，这是因为我们在表达的时候与自己的思维脱节，这样就会给听众造成逻辑不通顺、前言不搭后语的感觉。

我曾经听别人说过"不知道天才们都在思考些什么"。如果不提前说明得出观点的过程，则给对方的印象就是不知道你到底在想什么。此外，还有一种说法就是"天才和白痴只有一纸之隔"。如果想让对方理解你，那么一定要注意表达时不要有遗漏。

◎ 分析现状、查明原因、找出解决方案

要想解决困扰现状的问题，关键是要在考虑解决方案之前先查明发生问题的原因。举个例子，针对"A产品销售下滑"的问题，如果在未查明原因之前就考虑解决方案的话，那你就白费功夫了。其结果

在没把握现状的情况下拿出解决方案是无法说服他人的

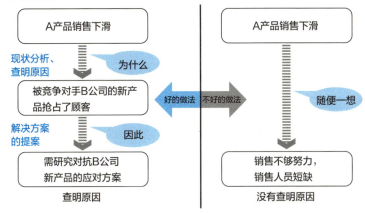

检查主语的歧义及误解

可能只随便得出"销售不够努力"的结论，以及"需要增加销售人员"这样一个敷衍的对策。

那么针对A产品销售下滑的问题，我们为何不去深究销不出去的原因呢？调查结果表明"现有的老客户都被B公司的新产品吸引了过去"。由此可以看出，不仅仅是销售人员的问题，公司有必要制定包括开发新产品在内的应对方案。

从某种意义上说，为了提高想象力，想法是很关键的。但是，如果忽略了对当前情况的分析和查明原因的环节，那么就很难得出有针对性的解决方案。

◉ 注解专业术语、缩略语

很多时候，沟通不顺畅有可能是因为省略了主语，无法正确地传达内容。比如被领导问起"那个项目怎么样了"，那么你肯定不清楚具体指的是哪个项目。如果主语过于抽象或者省略主语的话，对于听者来说是无法准确地领悟到的。

下面讲一个在某个公司发生的事情。员工接到一个未表明身份的来电，员工问道："请问您是哪位？"结果这个来电人臭骂道："你连自己公司经理的声音都听不出来吗？"经理可能以为凭自己的地位和身份，大家应该对他非常熟悉，但打电话时也应该先表明自己的身份。

难懂的用词也是让人难以理解的原因之一，所以使用词汇时要注意。专业术语、英文的缩写就是典型的难懂的词汇。使用专业术语时，可以将其替换为日语措辞或者加上注解，更便于听者理解。举个例子，"合规经营是指遵法经营，以遵守法律的健全经营为目标的经营方式"，像这样对相关术语加以注解，即使不是专家也可无障碍地进行沟通。

另外，英语单词的缩写也需要加以说明。比如，英语缩写为SCM时，就应该标注其全称"Supply Chain Management"，说明是此单词的缩写。只看名称难以理解时，如果像"SCM"的示例一样加上注解，读者马上就明白了。

明确专业术语、英语的缩写等的词义

CRM
SCM
一窍不通
Stakeholder
合规

● 加上专业术语、英语缩写的注解
● 提前了解听者的知识水平

用图解构成的归纳思维

把想表达的内容写在纸上，整理思绪

◉ 手是人的第二大脑，学会一边写一边思考

有时候，你的思绪混乱，不知道该说什么，怎么说。这时，建议你准备一张纸，一边记录你的想法，一边思考。

手被称为第二大脑。通过手写能将观察→思考→手写的思考回路循环下去。

一定要把灵机一闪的内容记录下来。灵机一闪的内容会转瞬即逝，而且越是好的灵感忘得越快。通过记录好灵机一闪的内容，观察并思考的回路会循环下去。做记录的习惯具有增强注意力、补充记忆、促进想象力的效果。

书写要注意尽量用简短的文章或者是用关键词体现。另外，用圆圈圈住关键词，将关键词用箭头连接起来，它们之间的相互关系便可视化。由此，你的所思所想就会一目了然。

◉ 发挥想象，一边画图一边思考

不管什么想法，把想到的统统写出来吧。如果一开始就担心写

把灵机一闪的东西全部写出来

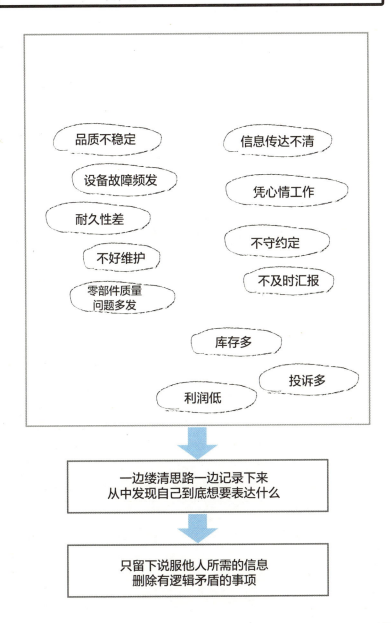

错，或者是虽然想到了但是懒得写，那么最终你可能什么都写不出来。发挥自由想象，大胆地写出你的想法吧！

无障碍地扩展想象，橡皮擦会是一个非常有用的工具。放松心态，如果写错了擦掉就好了。对于还不习惯一边书写一边思考的人，相比圆珠笔更建议你使用可擦的铅笔。养成习惯之后，再使用圆珠笔就毫无问题了。即使偶尔出现错误，用横线简单地划一下就解决了。

说起扩展想象，需要明确"想针对什么开展思考"。比如，是针对自己公司存在的问题进行思考，还是针对新产品的方案进行思考？可以将思考的主题用大字号写在最上面。

◉ 舍弃无用的信息，整理有逻辑性的故事

你可以将自己想到的东西，在头脑中用箭头或线连接起来进行整理。大脑想到的大多数是零碎的东西，很容易会迷失整体。因此，通过手写的方式能将零碎的东西和灵机一闪的想法贯穿起来。

如果思路很清晰，可以将没必要的信息都删除掉。为了有逻辑性地展开故事，删去多余的信息，故事会更加流畅。思路比较混乱时，请想起"手是人的第二大脑"，尝试一边书写一边思考吧。

将想到的内容用线圈起来，使相互关系可视化

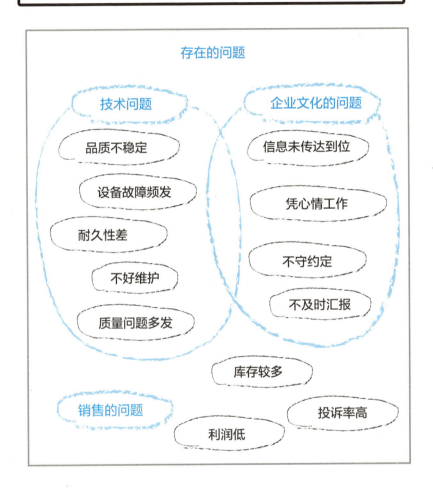

树主干、理枝叶的演绎思维

定好故事的展开方式后，收集论据和数据

◯ 明确"到底想说什么"

说话时最主要的是必须在头脑中构思好"到底想说什么"以及相关的观点。

在三角逻辑中，通过明确传达"观点""论据""数据"之间的关系，会增强观点的说服力。如果表达得模棱两可的话，只凭"论据"和"数据"是无法准确地传达"自己到底想说什么"。

另外，"论据"和"数据"模棱两可的情况下，一味地阐述观点，听者仍然会疑惑"为什么是这样"，甚至会对你产生"强制""急躁""不知所云"等印象。

不要想得过于复杂，简洁明了的表达才是最容易听懂的。你可以尝试用简洁的语言说出你想表达的观点是什么。举个例子，假设在公司会议中，你有5分钟的发言时间，试着将今天想表达的内容用简要的语言表达出来。如果说不出来，也许是你的思维尚处于混乱状态。

一定要明确自己"到底想表达什么"

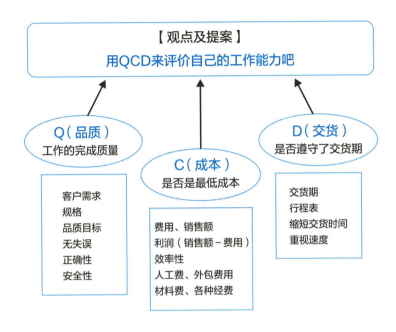

【观点及提案】
用QCD来评价自己的工作能力吧

Q（品质）
工作的完成质量

客户需求
规格
品质目标
无失误
正确性
安全性

C（成本）
是否是最低成本

费用、销售额
利润（销售额－费用）
效率性
人工费、外包费用
材料费、各种经费

D（交货）
是否遵守了交货期

交货期
行程表
缩短交货时间
重视速度

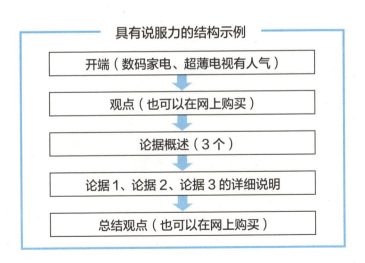

具有说服力的结构示例

开端（数码家电、超薄电视有人气）

观点（也可以在网上购买）

论据概述（3个）

论据1、论据2、论据3的详细说明

总结观点（也可以在网上购买）

⊚ 创建逻辑性结构的框架

首先想好表达什么，把观点明确好。如果观点明确，你就可以很轻松地用简洁的语言表达出来。如果无法用简洁的语言概括，也许你自己也不清楚应该怎么去表达。在这种情况下，为了让听者信服你的观点，可以试一下逐条列举3个左右的论据。

举个例子，尝试用QCD的3个方面评价一下自己的工作能力。QCD中的Q是指品质（Quality），C指成本（Cost），D（Delivery）指交货期限。第一个Q是指工作的完成质量，第二个C指是否是最低成本，第三个D指是否遵守了交货期。我们各自评价一下吧。如果只是说出来可能容易遗忘，所以建议写在纸上备用。

⊚ 收集观点所需的说服材料（数据、论据）

在表达或写作之前，建议大家使用图解的方式将结构写出来。比如，将观点放到最上面，并严选出3个能够支撑观点的论据。然后，作为支撑论据的数据，可以使用事实和案例。下图演示的是"如果已决定好购买的家电，建议在网上购买"。论据包括互联网购物方便、容易比较价格等。

另外，如果事先准备好开场白，灵活地引出观点，可以把结构流程演示得非常自然得体。

表述之前先缕清思路

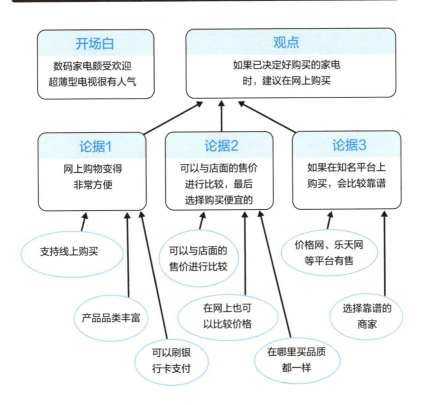

用金字塔结构整理内容

将表达的内容总结为 3 个方面

◎ 归结为 3 个方面的内容更易理解

如果一次性讲得太多，听者会不知所措，且不能记得很全面。据了解，人类一次可掌握的记忆极限在7项左右，即神奇的 "7±2 法则"。

但是，现实中同时记忆7件事并且加以思考，其实是非常困难的。由此，如果想轻松记忆，且能一边记忆一边思考的话，3个左右是最合理的。举个例子，吉野家的广告语是 "好吃、便宜、快捷"。再举一个例子，明治时代的基础教育是 "读、写、算"。以上都只归结为3个方面，是不是很容易记忆呢？

与人交谈或者想通俗易懂地向对方说明时，如果将内容归结为3个方面，会比较容易理解。用这种金字塔结构表达法（金字塔结构法）来说服对方是非常方便的，表达和写文章都可以应用。

◎ 金字塔结构与三角逻辑

三角逻辑作为逻辑思维的基础，需明确 "观点（结论）" "论

用金字塔结构法进行阐述

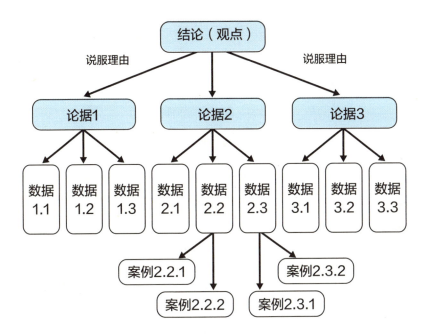

据""数据"三要素。在金字塔结构中，三角逻辑的3个要素是从上到下逐级分层的。

金字塔结构的最上端设定观点（或结论）。首先，作为想阐述的观点或结论，要先确定下来。即明确自己"到底想表达什么"。

第二层设定论据。比如按照"我的观点是……其理由分为3大项，第1项是……"的方式阐明支撑观点的3个理由。如果对方表现出恍然大悟的样子，就说明你的开端是非常成功的。

阐明3个论据后，在第三段中针对每个论据列举3个左右的数据或者是具体案例加以说明。比如可以说"下面的三个案例可以佐证以上论据",这样依次详细说明数据和案例,来展示论据的正确性。

⬤ 用金字塔结构构思演讲稿

接下来我们用金字塔结构来构思3分钟的演讲稿,就以日本传统婚礼上经典的"3个锦囊宝袋"[①]作为主题(请参考下一页示意图)。

首先,不要单刀直入地进入正题,为了让开头显得更自然,建议提前做好铺垫。比如,作为开场白经常使用"在这吉祥喜庆的日子里……"。"祝永远幸福"可作为观点。因为只凭这些内容无法传达诚意,所以作为如何才能幸福的论据介绍3个锦囊宝袋,"人生有3个袋子。第一个袋子是……"。大致介绍3个锦囊宝袋后,再针对每个袋子做详细的介绍。如:"第一个袋子的寓意是,要珍惜父母,时刻怀着感恩的心,以此表达对母亲的感谢之情。"偶尔,可以加入具体的经验之谈,这样更容易理解。最后,我们重新确认一下3个袋子,再总结一下观点。

---

① 日语中的"お袋""給料袋""堪忍袋"这三个单词的意思分别为妈妈、钱袋、忍耐。日本的习俗中认为,在婚后的生活中这三者扮演着重要的角色,而这三个词语后面都带有"袋"字,于是就以3个锦囊宝袋来统称它们。——译者注

金字塔结构的表达顺序

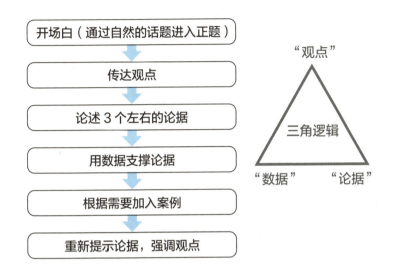

开场白（通过自然的话题进入正题）

传达观点

论述 3 个左右的论据

用数据支撑论据

根据需要加入案例

重新提示论据，强调观点

"观点"

三角逻辑

"数据"　　"论据"

用金字塔结构法做 3 分钟演讲

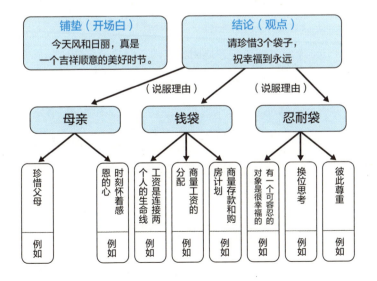

铺垫（开场白）

今天风和日丽，真是
一个吉祥顺意的美好时节。

结论（观点）

请珍惜3个袋子，
祝幸福到永远

（说服理由）　　（说服理由）

母亲　　钱袋　　忍耐袋

珍惜父母　　例如

时刻怀着感恩的心　　例如

个人的生命线工资是连接两　　例如

商量工资的分配　　例如

商量存款和购房计划　　例如

对象是很幸福的有一个可容忍的　　例如

换位思考　　例如

彼此尊重　　例如

36

策划、报告要灵活运用模板

分成 8 个模块，提高提案力

⬤ 策划书可分成 8 个模块

我们总是试图把各种想法写到策划书中，但是往往很难成型。如果你提前掌握策划书的模板，那么做起来可能会轻松很多。

策划书可分为8大模块。第1个是开场白模块，给听者传递一种非常有趣、值得期待的印象是很关键的。第2个是提出问题模块，即明确设定主题的用意，让听者思考"原来如此，接下来我应该这么做"。

第3个是设定主题模块，即明确目的及对象范围等。另外，需明确达成目的的基本理念。第4个是现状分析模块，做策划书的过程中需提前调查并总结现状。这个模块可结合实际需要增加或省略。

第5个是提出策划方案的模块，明确如何实现目标以及实现目标后应有的面貌。在做策划书的阶段，就要明确勾勒出想实现的面貌，这也是充分展示策划书之魅力的部分。第6个是评估策划方案的模块，明确策划方案的预期效果、预算以及投资回报率。

学习使用"策划书"的模板

模块	目录的项目示例	备注
① 开场白	● 封面 ● 前言 ● 目录	策划书的脸面 写出引起兴趣的文章 便于把握整体
② 提出问题	● 背景 ● 对现状的认知	究竟有什么必要 认知现状的问题点
③ 设定主题	● 目的 ● 达成目标 ● 对象范围 ● 前提条件	明确目标 将目的再具体化 明确对象范围 确认必要的前提条件
④ 现状分析	● 现状调查数据 ● 现状的问题点	附记调查的信息 明确现状的问题点
⑤ 提出策划方案	● 策划的基本政策 ● 策划的整体布局 ● 策划的详细内容	明确解决方案的基本政策 提出整体解决方案 提出解决方案的详细内容
⑥ 评估策划方案	● 期待效果 ● 预算（费用） ● 投资回报率	是否可以达到有效的效果 需要多少预算 投资回报率是否理想
⑦ 实行策划	● 作业计划 ● 日程表 ● 推广体系 ● 角色分配 ● 推广上的注意点	明确作业内容 明确日程表 明确体系图 明确角色分配 切记注意点
⑧ 附加信息	● 参考资料	根据需要添附参考资料

第7个是实行策划的模块，明确为实现计划所需的作业计划以及日程表。第8个是附加信息的模块，如果有可参考的追加资料可以添附。

做策划书时，建议按照上述的模板创建。灵活运用模板来制定策划书，可以在头脑中梳理现在想的东西到底适用于哪里，同时更容易建立有逻辑、有说服力的理论。

◉ 写一份报告书

策划书获得批准后，会安排预算和人员并转入执行阶段。执行完成后，要写一份报告，好好总结一下活动内容。

报告书也可以分为8个大模块。第1个是开场白模块，包括封面、前言、目录。第2个是设定主题的模块，明确背景、目的、达成目标、对象范围。

第3个是活动简介模块，明确本次一系列活动的日程表、推广体系、活动预算等。第4个是活动开始前的现状调查模块，描述活动之前的问题和不良情况，是为了说明讨论解决方案的必要性，并且可以通过对比凸显解决方案的优秀。第5个是提出解决方案的模块，描述针对本次活动制定的解决方案的内容、说明解决方案的实施状况等。第6个是活动成果模块，包括明确解决方案所能达到的效果、评估解决方案实施后的投资回报率等。第7个是未来的发展，明确今后的推进计划及推进计划中面临的课题。第8个是附加信息的模块，根据需要添附参考资料。

　　做好报告书后，就要进行展示。在这期间，你要不断完善报告直到有十足的把握，才能自信大方地进行展示。

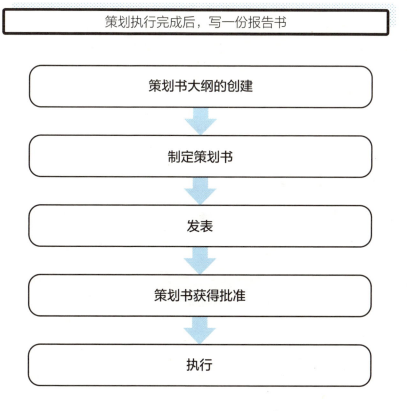

37

掌握赫曼模型的思考模式

灵活运用人类的思考模式分类

◉ 为什么合不来呢

请直言不讳地回答，你有几个讨厌的人呢？这些人是不是只要在你身边晃悠，就会激起你的厌恶感？如果你的回答是至少有三四个人，那么请你放心。因为只要是人，有几个讨厌的人太正常不过了。

假设你有一个特别厌恶的人，但这个人因调职或搬家见不到了。这时往往还会接着出现一个新的让你讨厌的人，或者是原来比较讨厌的人现在变得非常讨厌。总是会有一些不讨你喜欢的人。

疲于人际关系的你，要不要想改变一下以往的看法呢？人际关系可能会变得很轻松。人类都有烦恼，有烦恼就是活着的证据。产生厌恶感，证明你是一个感情丰富的人。不知是幸运还是不幸，如果你不喜欢对方，对方肯定也不会喜欢你。那么，人为什么会产生喜欢、厌恶的情绪呢？那是因为大脑中有秘密。大脑有4种思维模式，有同样思维模式的人可以成为知己知彼的朋友。反过来，不同思维模式的两个人，无论怎样也是合不来的。对方虽然是你厌恶的人，但他（她）也是有朋友的。

根据赫曼模型，人类的思考模式分 4 类

优先顺序与行动特性

- 事实与逻辑优先
- 公事公办，做事干练
- 分析、定量化
- 现实性
- 批判性
- 金钱观念敏锐
- 了解因果关系
- 思考为什么（Why）
- 口头禅：到底有什么好处呢?

优先顺序与行动特性

- 想象与好奇心优先
- 小顽皮鬼、小捣蛋鬼
- 好奇心旺盛，喜欢惊奇的事
- 自由奔放、毫无防备、直言不讳
- 直观的、综合的、合成的
- 大刀阔斧、肯冒险
- 勇敢面对未来，不会想不开
- 思考目的（What）
- 口头禅：总会有办法的

左脑
（大脑新皮层　左）

右脑
（大脑新皮层　右）

A 类型
逻辑型
①

D 类型
独创型
③

B 类型
管理型
②

C 类型
感情型
④

边缘系统　左
（哺乳类脑　左）

边缘系统　右
（哺乳类脑　右）

优先顺序与行动特性

- 计划与秩序优先
- 注重于优先规则
- 保守型
- 决定顺序、组织
- 井然有序、值得信赖
- 遵守时间
- 有计划性、细致
- 思考方法、做法（How）
- 口头禅：史无前例、违反规则

优先顺序与行动特性

- 人际关系优先
- 感情型，感性丰富，易流泪
- 喜欢交际、喜欢帮助他人
- 会包容、有亲和力
- 理解他人的感受
- 接触各种各样的场合
- 喜欢通俗易懂的表达方式、喜欢沟通
- 思考是谁（Who）
- 口头禅：喜欢或讨厌某人

⬡ 人的思维模式的 4 大分类

为了让我们对另一方感兴趣，可以根据"赫曼模型"来把人的思维模式分为4种类型，这样就可以一边思考对方的类型一边进行对话。赫曼模型是美国GE（通用电气）公司能力开发部门的原负责人奈德·赫曼（Ned Herrmann）基于大脑生理学将人类的思考模式进行的分类。

人类的大脑具有思维功能的部位有4处，即存在神经元网络的地方有4处。其中2处在人类的大脑中，即左脑和右脑，剩余2处是在被称为古代脑的哺乳类脑的边缘系统上（边缘系统的基础上形成了大脑）。

人类在思考时，4处中的其中一处或多处会优先动起来。优先动哪个脑，因人而异。第163页的图是"赫曼模型的4大分类"。优先使用左脑的是A类型，优先使用边缘系统左侧的是B类型，优先使用边缘系统右侧的是C类型，优先使用右脑的称之为D类型。

赫曼模型是一种捕捉人类思维习惯的理论。A类型的人习惯优先使用左脑，习惯优先逻辑思维；而C类型的人是优先考虑感情。有些人有一个以上的习惯。比如，AB类型的人兼备逻辑型思维和管理型思维。

赫曼模型揭示的是思考的习惯。思考的习惯会随着时间而改变，但短期内改变甚微。因此，交谈时推测说话的对象是哪种类型，或者是哪种类型的组合，就能掌握对方的思考模式及思考偏好。如果按照对方的思维方式进行交谈，交流场面会更加活跃，沟通更顺畅。举个例子，如果对方是A类型的人，那么说话时要多注意逻辑性，这样对方会更容易听懂。据说塔摩利先生就可以灵活区分使用ABCD所有的类型。

通过横向思考、分组、分解构成
要素来寻找话题

展开话题、汇总、深入研究

⬤ 基于横向思考的表达方式

我们已养成针对眼前的话题及对象进行深入研究的习惯。举个例子，假设听到关于"公寓"的话题，你会好奇究竟是什么样的房间，如："多少面积？在什么位置？是否已经铺上了地板？"等。这种纵向思考虽然对于话题的深入研究很有效，但是会使视野变得狭窄。

听到"公寓"这个话题时，就应该想"除了公寓以外是不是还有其他选择"，或者想"有没有与此相反或相对立的思考方向"。像这样的横向思考，更有利于扩展话题。比如，对于"公寓"，可以想到与集体住宅相对的是别墅，与钢筋建筑相对的是木造建筑，同时也可以想到是租赁还是自购。正如下一页的图表，通过思考"除此之外"和"对立"的问题，可以扩大视野。

纵向思考往往会让想法陷入偏颇，不是一味地说好话，就是一味地说坏话。为了防止出现偏颇，平衡好正面因素和负面因素也是一个好办法。对整体进行广而浅的思考，观察周围并开阔视野进行思考的

用横向思考展开话题

● 横向思考的技巧是思考"除此之外""对立"的东西

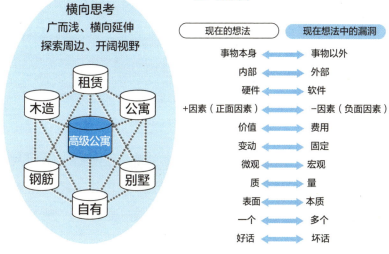

● 将多个关键词分到同一组（分组）
● 通过分组可以发现漏洞

通过分组展开话题

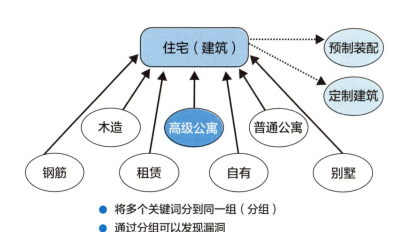

● 将多个关键词分到同一组（分组）
● 通过分组可以发现漏洞

方式称之为"横向思考"（请参考第36页）。如果你觉得话题陷入了僵局，那么请尝试一下横向思考吧，你的视野一定会变得豁然开朗，它会把你从困窘局面中解救出来。

◯ 使用分组的表达方式

用横向思考展开话题后，通过将话题的内容进行分组（总结类似的事项），可以达到整理信息的效果。

假设以"高级公寓"为主题横向展开，则可以将这些内容归类到以"住宅"为题的集合体中，再思考一下这个"住宅"的组中是否有遗漏的项。这时不难发现还有预制装配式住宅、定制住宅等选项。为了展开话题，可以像这样分组后，再确认同一组中是否有遗漏项。

为了再进一步展开话题，思考除了"住宅"以外还可以想到什么建筑。由此，是不是可以联想出除了私人住宅，还有办公楼、公共设施等建筑呢？以此类推，甚至可以拓展到街道及城镇乡等环境下的建筑。

说到这里，有些人可能会觉得话题的拓展过于广泛了。其实我要强调的是探索话题的诀窍，一旦掌握了诀窍，你就不会被话题所困扰。

◯ 思考时学会分解构成要素

最常见的找寻话题的方法即是"分析"，分解构成要素，更详细地挖掘话题。通过分解构成要素，就可以自然地进行解析。比如，分析"高级公寓"时，可以将其分解为玄关、客厅、厨房、书房、浴室等。

学会使用横向思考、分组、分析等技巧展开话题，话题是无穷无尽的。

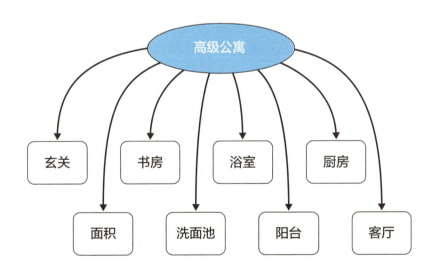

分解构成要素后深入研究话题

- 分析是指，将构成要素分开并解析的过程
- 在给定的范围内，通过分解构成要素加深话题
★ 通过横向思考、分组、分析来连接话题

用逆向思维法抓住对方的兴趣

从对方的言论中获得启发

⬤ **只要是对方感兴趣的话题，他一定会认真倾听**

如何提高信息传达能力呢？如果是对方不感兴趣的事，那么恐怕很难聊下去。因此，首先必须让对方感兴趣才可以。比如，选择有趣的话题、对对方有益的话题、对方可能感兴趣的领域进行交谈。

为了寻找对方期望谈论的话题，我们可以注意观察对方谈及的内容。假设，对方看着你带的包说："你的包看起来真不错呢！"这时候你要马上确认一下对方的包，你会发现对方的包是崭新的新款包。反过来，你也可以试着提问同样的问题（这就是逆向思维），你就会读懂对方的心思。

这个逆向思维的思维方式，也可应用于宴会等场合。宴会上向别人倒酒的人，通常都希望对方也给自己倒酒。通常主动给别人倒酒的人，杯子里的酒往往也所剩不多。但是，偶尔会遇到不懂得回敬的人，倒酒的人的情绪就会变得很低落。俗话说礼尚往来，对话也如

对方感兴趣的话题聊起来会更起劲儿

- 只想着聊自己想聊的话题，只会把天聊死
- 考虑一下对方感兴趣的话题

简洁明了、通俗易懂地传达很关键

- 头脑中一边想好"总之是……"一边交谈
- 通过"比如"的案例，补充想传达的内容
- 需要保证案例与想传达内容的一致性

此，被对方提问后，反过来向对方提问类似的问题，这也是满足对方兴趣的好方法。

◉ 简洁明了、通俗易懂地传达很关键

通俗易懂的表达会提高传达能力。为了通俗易懂地将信息传达给对方，一定要明确自己的核心思想，准确地传达关键词、适当介绍案例、说话不绕圈子。

首先，为了让对方易于理解，我们一定要在头脑中想好"总之是……"再进行交谈。另外，通过介绍案例作为补充资料，可以提高对方的理解度。

时刻铭记简洁明了、简单的才是最好的。相比晦涩难懂的说法，直截了当地表达"我想说什么"才是通俗易懂的第一步。

◉ 不让对方产生疑问

演讲的时候，听众提问的机会是有限的。在演讲过程中被提问的话，也会给别人带来麻烦。为了免去听众的提问，同时提高听者的理解度，就要有意识地在演讲过程中思考如何消除听者的疑问。比如，使用比较难的专业术语、逻辑矛盾、逻辑飞跃、数据不一致等都是典型的产生疑问的原因。因此，一定要注意自己的表达方式，避免令听众产生疑问，或者可以在中场休息的间隙里安排答疑的时间。

在长时间的演讲中，听众往往都是被动的。随着倾听的时间变

长，听众的紧张感也逐步减弱，这时可以适当地刺激一下听者。比如，提出一些问题："大家有什么想法呢？""先生/女士，你是怎么看待这个问题的？"与大家进行互动，给予听众发言的机会。让听众觉得随时可以提问到自己，这样就会更加认真地倾听。

双赢的关系是基本

用清晰的声音，积极地讲出提案

◯ 使用丹田发音，使声音更明亮

想成为擅长演讲的人，那么声音的大小和洪亮度至关重要。如果用听不清的声音和低沉的表达方式，那么听者也不会有想倾听的欲望。所以记得一定要用容易听清的声音表达。

声音中看出这个人是否有自信。高调又洪亮的声音会让听者觉得你很有自信，这对赢得信任至关重要。你会发现很多搞笑艺人在说话时声音都很大，他们其实是通过高调的声音刷存在感，引起大家的关注。即使是同样的发言内容，声音的高低也会影响现场的气氛。

尤其在策划会、汇报会上演讲时，声音的大小、声音的洪亮度也是重要的评价对象，有着与提案内容同等的分量。没有自信的演讲，很有可能让听众觉得"不能安心将事情托付给这么没有自信的人"。简单来说，容易听清的声音就是指加重句末的声音，这样听者会觉得你的声音非常有穿透力且非常自信。

自信体现在响亮的声音中

- 大声表达，学会用丹田发声
- 大多数的搞笑艺人都是通过大声说话刷存在感

以双赢的关系提出解决问题的方案

- 提出解决问题的方案
- 强调对方可获得的好处

● 提出双赢的方案

谈判时，一定要考虑好双方双赢的关系（双方都是谈判的胜者、各自获益），再进行谈判或提出方案，这样会大幅度地提升谈判的成功率。如果不是双赢，那么双方也无法维持长久的友好关系。

明确对对方和对自己各有什么好处，相互理解是很关键的。如果谈判的条件只有利于单方，那么谈判是难以成立的。此外，当交易双方强弱关系明显时，在强势方的强行推动下弱势方可能勉强屈从，但是下次如果还想如法炮制就会让对方跑掉。

双赢的关系下因为双方都有利可图，因此相互的关系自然会长久。双赢的最高境界是"要么双赢，要么不赢"（Win-Win or No Deal）。

如果不能达成双赢的关系，那么也不要因此生怨，就当本次的项目不存在好了。以后如果有机会，还可以再商讨双赢的合作。不因一次的合作失败生怨、一码归一码地处理事情，是维持良好关系的关键。

● 避开沉闷的话题、不说别人的坏话

避开沉闷的话题是毋庸置疑的。讲沉闷的话题不会带来任何好处。比如，关于不幸的事件、天灾人祸等，不过是消磨时间的话题。这些令人郁闷的话题说了也解决不了任何问题，只是抒发一些悲观的感想或辩驳，太过负面而沉闷。

　　另外，不说别人的坏话也是毋庸置疑的。如果说别人的坏话，只能给自己增加没必要的敌人。人们往往都是喜欢对自己有好感的人，厌恶那些不喜欢自己的人。

　　如果想拥有越来越多的好朋友，那么请你也对他人以礼相待。背地里说人坏话是最没用的，而且如果闲言闲语传到本人的耳朵里，就会心怀不满。相反，如果在背后夸赞某人，那么好朋友就会自然地变多。说别人坏话只能损伤自己的人品，并且会失去周围的人对你的信任，不时地给自己树敌。

避开沉闷的话题，不要在背后说人坏话

- 不幸的事件
- 杀人
- 火灾
- 人祸
- 令人郁闷的话题
- 废话
- 悲观的感想
- 辩解

- 对对方的批判及坏话
- 对第三者的批判及坏话
- 批判上司或说上司的坏话
- 排他性行为
- 被朋友挤对
- 过分地自我保护

在背地里说坏话的事情一旦被发现，人际关系就难以修复

⬇

在背地里夸奖他人，好朋友自然会变多

41

让对方参与到决策过程中来

勤汇报、常联络、多请示是策划方案顺利获批的秘诀

🔵 让对方参与到决策中来，会提升认可度

突然把厚厚的策划书拿给领导说道："请批准！"这对于突然拿到策划书的人来讲太猝不及防了，对于之前从未听过的策划书，领导当然不会草率地做出批示。想要提升他人对你的认同，策划书上能反映多少决策者的意见，比提案内容的完成程度还要重要。

如果在做最终决策之前至少请示领导一次，那么最终决策时，领导就会站在你这边支持你。比如，在开始起草某个策划书时，提前找领导商量策划的目标及框架等事宜。

假设你找领导请示道："我想从这个角度着手做计划，不知道是否可行，想结合您的意见继续完善。"那么，领导会认为："你来得很及时。"如果你把领导的意见反映到了策划书中，那是不是更容易获得领导的批准呢？

🔵 要重视"勤汇报、常联络、多请示"

与领导共事时，"勤汇报、常联络、多请示"是不可或缺的。如

让对方参与到决策中来，会提升认可度

- 在决策前的阶段，如果让领导参与进来，会提升认可度
- 对于希望成为合作伙伴的人，一定要事前商量、听取对方的意见

与领导相处时不能忽略汇报、联络、请示的环节

汇报	● 不好的报告趁早重新修改 ● 好的报告不怕晚，更好地展示自己 ● 准确地报告事实 ● 就因为有了报告的环节，即使是同一个结果，领导对你的评价也会更高
联络	● 意识到5W2H，准确地传达信息 ● 团队活动中，联络是沟通交流的手段 ● 通过共享信息，可以加深对彼此的理解 ● 选择一种双方都轻松的方式
请示	● 不是直接问"我应该怎么做"，而是拿出自己的想法或备选方案去商量 ● 通过主动去商量，可以让对方对你产生亲近感 ● 通过主动去商量，可以少走弯路 ● 如果把领导的意见反映进去，更容易获得领导的赞赏

果不经常露面或缺乏沟通，则会失去领导的信任。比如，职员小A最近没找过领导汇报工作，那么领导会想："小A最近没有任何汇报，肯定是在偷懒。"缺乏信息会增加不信任感，这是人的本能。

通过向上司和相关人员做汇报，可以加强沟通。不好的消息一定要及时汇报，消除私心。如果你隐瞒事实且事后被发现，你的上司会想"你为什么要隐瞒事实，真是一个不值得信赖的人"。另外，好的报告也不用着急，一份好的报告是帮助你获得高评分的好时机。只因擅长作报告，即使是同样的结果，也会给你加分的。

联络时要结合5W2H的原则（When, Where, Who, What, Why, How to, How much），检查是否有遗漏项。请一定不要疏忽联络的重要性。

通过与上司和相关人员商量，可以增进良好关系，并且让对方觉得很有亲近感。但是不能直接问"我应该怎么办"这种抽象的问题，而是应该问"我想这么做，您的看法呢？"，提供自己的想法，呈现积极商量的姿态。

⬤ 提出备选方案，给予选择的机会

提出备选方案（选项），可以让决策者从中做选择。通过让领导选择备选方案，让领导获得参与感。

针对职员偶然提出的一种方案，很多人围着纷纷议论这也不行那也不是，结果只能陷入偏颇的议论之中。倒不如做一个备选方案，追求更广泛的可能性，并且在被认可的方案中做选择，这种做法会更有效。

　　做好的方案可以多次修改。制定备选方案后，通过评价好与坏，可以获得备选方案的改进提示。我们可以大胆地改进备选方案，最终选择一个方案。让上司和相关负责人参与到选择环节，可以提高对被选的方案的认可度。

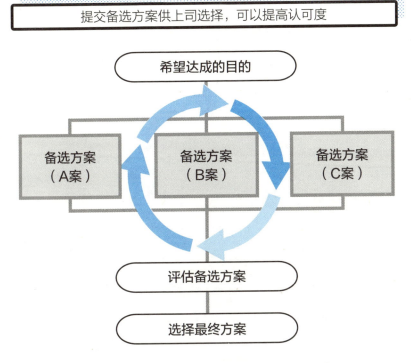

提交备选方案供上司选择，可以提高认可度

希望达成的目的

备选方案
（A案）

备选方案
（B案）

备选方案
（C案）

评估备选方案

选择最终方案

● 参与者可以通过提出方案、选择方案的方式参与决策

闲聊时"听"比"说"更重要

提出让对方开心、易于交谈的问题

⬤ 抛弃"我必须要讲点什么"的先入之见

女性向男性倾诉烦恼时，很多时候并不是向对方索求解决的方法。但是，男性往往会打断女性说话，试图给女性提出解决方案。其实女性的内心想法是"你说的那些其实我都懂，我就是想找人发发牢骚而已"。

有时仅仅倾听也能帮助对方纾解压力。人们喜欢把善于倾听自己的对象判断为能够理解自己的友好的伙伴，这是人类的特性。

善于表达的人，还要善于倾听。善于倾听的人更易于沟通交流。不要只想自己表达，还要学会倾听。

有时你想主动聊点什么，但是会面临"谈论什么话题好呢？"等类似的烦恼，反过来如果你想着听别人说，那么你的心态会放松很多。抛弃"我必须要讲点什么"的先入为主的观念，才能进行良好的沟通。

没有必要畏惧沉默。将沉默理解为给对方发言的机会就好。不擅长找话题的人，可以等对方提供话题。当没有了对沉默的恐惧心理，即使没有话题也不会介意。

善于倾听的人也善于表达

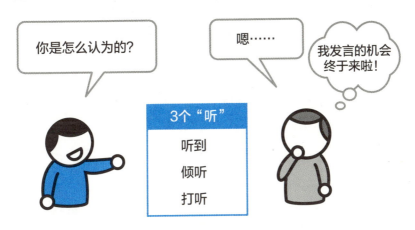

- 通过提问，可以提高对方的参与意识
- 通过提问，沟通变得更加顺畅
- 打听相当于英语的"ask"，提出问题

沉默是给予对方发言的机会

- 抛弃"我必须要讲点什么"的先入为主的观念，你会感觉很轻松
- 不要害怕沉默，没有话题也没关系

◎ 将对话理解为收集信息，你会觉得特别有趣

有些人忍不住想多说、多表现。但是，如果只是自己一个人在说话，就无法从对方那里获取信息。我们可以把听别人讲话，视为收集信息的过程。在对方表达的过程中，如果有自己不知道的信息或者是有用的提示等，对你来说就是非常有意义的。

举个例子，假设你和一个经济学家聊天，你就会学到关于经济方面的知识，获取近期的经济发展动向。此外，与职业不同、价值观不同的人交谈也会激发你树立新的价值观、获取新的知识。聊天过程中多提问题，这样有利于展开话题，可以从对方那里获取更多的信息。

◎ 考虑在对方擅长的领域提出便于沟通的问题

让沟通起到收集更多信息的作用。把自己想了解的问题，问向擅长这一领域的人，他们会非常愿意帮你解答。这种做法是短时间内收集信息的捷径，要比自己调查高效很多。

你可以夸奖对方说"听说您是这方面的专家"，那对方的反应一定是"您过奖了"，对方虽然显得很谦逊，其内心是非常高兴的。再比如，关切地询问对方："听说你最近开始××了？怎么样啊？"像这样关切地问候对方的近况，对方也很愿意与你分享。

良好的沟通可以加强彼此的信赖关系。另外，如果把倾听视为收集信息，那么彼此的沟通就会变得更加愉快。

把沟通视为收集信息的过程

- 如果只聊你提出的话题，那么你就学不到任何东西
- 以收集信息的姿态去倾听

在对方擅长的领域提问更容易收获信息

- 自己费力调查，不如请教专业人士
- 如果将沟通看作收集信息的过程，你会更专心地听对方讲

根据对方的话题展开谈话

"确认""摘要""Yes & But"是谈判的基本原则

◯ 不理解对方讲的话时要及时确认

如果没有正确理解对方的讲话，那么就会导致答非所问。再者，在接收消息时，如果你没有收到准确的信息，则会给传达该消息的人添麻烦。比如说，经理通过秘书传达事项时，如果秘书的理解出现了问题，那么后果不堪设想。

尤其是涉及数字的事项很容易发生错误，所以一定要多注意。如果是相关电话号码、日期的事项，及时记录并保存好是非常有必要的。

如果发生听不懂的情况，一定要及时追问，不要嫌麻烦。如果不懂装懂，那么你的反应会显得很不自然。俗话说"问是一时的耻辱，不问是一生的耻辱"，为了不让自己后悔，不懂时请及时确认。

◯ 首先要理解"简而言之，对方到底想表达什么"

听对方讲话时，一边思考"简而言之，对方到底想表达什么"一边概括对方的观点，这样更容易理解。如果你不想放过任何一句，那

不明白的时候，不妨确认一下内容

● 如果想准确地把握传达内容，就请再核实一下
● 不懂装懂的样子会显得很不自然

一边概括"对方想表达什么"一边倾听

● 不要被复杂的表述所迷惑，要一边概括"总之他想表达什么"一边听
● 概括时可以抓住关键词来听

么你就会过分关注于诸如"比如"等话语中细枝末节的部分，从而难以理解观点。

举个例子，假设上司给下属布置了任务，而这个下属列举了好多阻碍任务完成的理由。这时如果上司可以将下属的话理解为"总之他就是不想做这个工作，所以他在找理由"，这样一理解上司就不必一一反驳下属提出的理由了，转而思考如何激励下属才能让他有干劲儿，并将对话引到积极的话题中。

◉ 用"好的&但是"（Yes&But）法提高好感度

如果针对对方的发言劈头盖脸地否定一番，良好的沟通肯定是不能成立的。比如，对方说"这个很不错"的时候，你不留情面地抛出一句"好什么啊？一点也不好"，这样对方是不是感到非常不爽？

只是单方面地否定对方的意见，这根本称不上是沟通。想否定对方的意见时，要在接纳对方意见的同时加入自己的见解，这是最基本的做法。比如先说"原来如此，你的意思是……"表示接受对方的意见；接着，你可以补充道："你的想法确实很好，但是我认为……"这种方法就叫做"好的&但是"（Yes & But）法。

不分青红皂白地否定对方，只能让彼此的距离越来越远。如果先欣然听取对方的意见，再提出备选方案并表示间接地否定，这样就不会伤到对方的心。

另一方面，为了使商谈顺利进行，解决顾客的顾虑是很关键的。

首先要表示理解，如"原来是这样，您是担心……"，然后再提出解决方案时，对方便很容易获得一种安全感，进而解决客户的担忧。

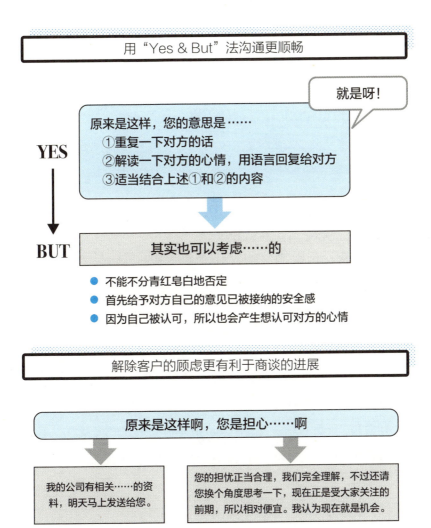

把听者引导至一个方向

<u>不能让听者随意理解你的提案内容</u>

◯ 明确从数据和图形中读取的内容

给听众展示复杂的数据表并对听众说："请大家认真看一下这个图表。"如果是这种展示方式，只能让对方不知所措，无法将听众引导到正确的思路和观点上。<u>所谓发表，不是把意见交给听众，而是让听众紧跟自己的思路，并获得认同。</u>在发表观点的过程中，如果未能有效引导听众，那么就难以让听众接受你的观点。

假设，听众看到图表后，某些人的看法是利润率较高，而另外一些人则认为利润率较低，这时该怎么处理呢？如果直接进入下一个说明环节，其中一些人会认为与上一张图表的内容完全相反。这样一来，不理解、不认同演讲者观点的人会越来越多。所以，应避免使用使听众迷失判断的材料。

针对PPT资料的每一页，都要讲清楚需要关注的重点内容。比如，展示某个图表时说明"简而言之，通过这个图表我们可以看出如下3点"，并逐条明确地列举出来。这样的话，听者就会明白："本页只要理解这3点就可以了。"一定要将每页的关注点表达清楚，一边提醒一边引导听者是很重要的。

◉ 按照一句一信息的方式罗列出来

结合每页想表达的内容，把补充观点的论据逐条列举出来，向预想的方向做引导。逐条列举论据时，最好用一句一信息的归纳方式。

向预想的方向引导听众

总而言之，正处于上升的趋势，理由有以下3点：
①价格指标打破通缩
②企业的产品库存减少
③明智的设备投资

● 展示图表和数据后，如果跟听众说"请大家自行思考"，那么听众会有各自的理解
● 必须明确记录每个工作表、每条信息、每页的内容分别表达了什么

一句一信息的归纳方式是指，一个句子（文章）中只插入一条信息（声明）。如果在一个句子中插入多条信息，可能会导致文章过长不易理解。

下一页图表的最上方是标题，最下方写了几条信息，中央放了图表，并有详细的说明。假设没有最下方的补充信息的话，那么好不容易做成的图表有时可能无法被听众充分理解。既然做了图表，就要把想表达的核心内容逐条列举出来，这样听众就会一目了然。

虽然你展示的图表很多，但听众可能不知道你到底想表达什么；虽然知道是经过多方调查努力制作的报告，但是如果不能针对性地解答听众的疑惑，那就是没有意义的。听众是注重观点的。如果忽略解释观点，直接进入下一页，则听者未消化的疑惑就被搁置了。

如果对听者的反应置之不理，往往不会有好的结果。听众可能一头雾水，因接收不到演讲者的观点而径自阐释，甚至会因为意见相左而引发矛盾。

明确通过数据和图表想表达的内容

主要物流公司的合计销售额

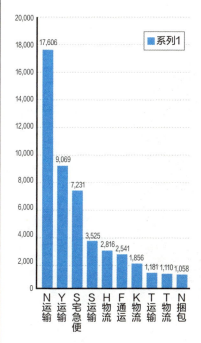

排名	运输公司	销售额（亿日元）	占有率（%）
1	N运输	17606	36.6
2	Y运输	9069	18.9
3	S宅急便	7231	15.1
4	S运输	3525	7.3
5	H物流	2816	5.9
6	F通运	2541	5.3
7	K物流	1856	3.9
8	T运输	1181	2.5
9	T物流	1110	2.3
10	N捆包	1058	2.2
合　计		47993	100

● 物流公司排名前3位是N运输、Y运输、S宅急便

● 排名前10的销售总额约为4.8兆日元，其中前3名的销售总额约为3.4 兆日元（约占70%），处于垄断的状态

● 以图表的方式更容易加深印象

第三部分

3

写作逻辑

句子长度控制在40字左右

<u>原则上用一句话表达一条信息</u>

🔵 人类的思考回路与易于理解的文章之间的关系

易于理解的文章与难以理解的文章到底有什么区别呢？易于理解还是难以理解是读的人判断的。因此，通过思考人类的思维方式，可以了解如何编写易于理解的文章。

可以把人类的思维场所比作计算机的CPU（中央处理器），大脑中提取信息的场所相当于记录信息的硬盘，从外部输入信息的场所可以比作键盘或互联网。

当人类思考的时候，从外部输入的信息引入CPU附带的临时存储区域。并且，为了理解输入的信息，会到硬盘（人类的大脑）中寻找过去存储的信息。

如果一次性输入的信息过多会怎么样呢？CPU中的信息会溢出并停止运行。人类的CPU临时存储空间只能容纳7条左右的信息。难以理解的文章是指，因人类的CPU空间爆满，无法读取硬盘内的文章。

人类的记忆及思考回路

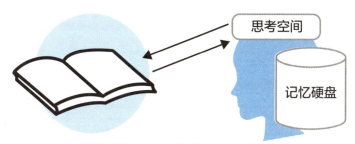

- 思考的场所是CPU（中央处理器），记忆的场所是硬盘
- CPU为了思考，从硬盘中获取记忆信息
- CPU的记忆会马上消失（一次只能记住7条信息）

思考空间不能装入7条以上的信息

难以理解的文章

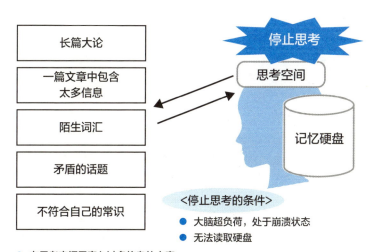

长篇大论

一篇文章中包含太多信息

陌生词汇

矛盾的话题

不符合自己的常识

停止思考

思考空间

记忆硬盘

<停止思考的条件>
- 大脑超负荷，处于崩溃状态
- 无法读取硬盘

- 在思考空间里塞入过多信息的文章
- 无法读取记忆硬盘的文章（陌生的专业术语）

⬡ 类似于逐条列举，一句话只表达一条信息，字数控制在40字左右

拐弯抹角或过长的文章会因信息量过多，导致思考空间容量不足。再者，如果输入了陌生的词汇、未知领域的术语等，还会因信息泛滥导致思考停止。

易于理解的文章需具备的条件为：短篇文章、用一句话表达一条信息、使用读者熟知的词汇等。

一句一信息的表达方式要求一句话只表达一条信息，那么如果写2个以上的信息时，可以将其拆分。还要时刻提醒自己一句话最多写40字，这样你的表述就会变得简洁明了。

易于理解的文章

短篇文章

一句一信息

熟悉的词汇

表达连贯

符合自己的常识

思考空间

记忆硬盘

信息停滞的状态

与过去的经验有关联

有认同感

易理解的文章往往都是一句一信息

按照一句一信息的要求，一句只写一项内容
（尽管不是强制性的，但简短的句子更易于读者理解）

销售部门有许多预购订单，由于在未审核预购订单的情况下擅自下单，导致物料部门的库存慢性增长，并且经常发生估值损失。

52字

拆分

销售部门有许多预购订单，在未审核预购订单的情况下擅自下单。

27字

由此导致物料部门的库存慢性增长，并且经常发生估值损失。

25字

✖ 两个问题点混杂在一起

● 不要贪多，一句只描述一项需传达的内容
● 如果有多项内容，建议拆分

【对策】将一句话控制在 40 字以内

写文章之前先创建目录

标题分级，视觉上呈现文章的逻辑结构

◉ 目录作为标题的集合是整体的门面

易于理解的文章是一句一信息。那么从整体上看，怎样的内容更容易理解呢？答案就是一篇逻辑清晰的文章。

为了写出逻辑清晰的文章，写文章之前要创建目录。目录就是标题的集合。通过写出组成目录的标题，可以逐渐明确要写的内容。

写文章时，目录起着非常重要的作用。换句话说，如果先读目录的话，会对整个逻辑脉络有直观的认知。阅读一本200多页的书籍时，建议先看目录，这样你的阅读理解能力将会大大提高。

可以先阅读不懂的章节。比如在目录里看到"3个手法"，那么你可能会对3个手法特别好奇，产生好奇感时要立即阅读，这正是提高理解能力的时机。

也可以用彩色荧光笔在标题上做标记。比如，不懂的部分用红色标记，似懂非懂的部分用绿色标记。

目录作为标题的集合，是书的门面

- 读正文之前浏览一下目录
- 目录就像一个航海地图
- 能读出整本书结构的目录才是好目录

定位好每一个标题和摘要

读书时先看目录

把握整体内容

**先阅读不懂
的章节**

（例）3个手法

（例）4个分类

**把标题用彩色荧光笔
区分开**

▶ 已知的部分（无标记）

▶ 模棱两可的部分（用绿色
标记）

▶ 不懂的部分（用红色标记）

⬡ 顺着读者的视线拟定标题——标题是有级别的

标题分级的文章更容易让人理解，对于作者来说也更容易写作。标题可以分为"主标题""副标题""小标题"，通过这种分级的方式明确划分，可以将整篇文章的逻辑脉络清楚直观地呈现出来。如果能顺着读者的视线拟定标题，双管齐下，就既可以轻松阅读又可以轻松写作。

设置标题级别的方法比较简单，只要标记级别编号就可以了。为了直观地区别"主标题""副标题""小标题"的级别，用容易辨认的方式把标题的级别编排出来，横向书写时每个级别间依次向右空一格、纵向书写时依次向下空一格。

然而，如果是100字左右的文章，就不需要设置标题级别了，1000字以上可以分两级，数千字以上的情况可以分三级。

顺着读者视线的标题更容易阅读

横向书写

纵向书写

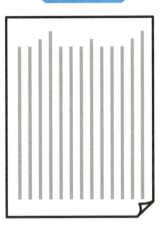

设置标题级别

拟定标题时附上编号

```
1.
  (1)
    ①
    ②
  (2)
    ①
    ②
2.
  (1)
    ①
    ②
  (2)
    ①
    ②
```

```
1.
  1.1
    1.1.1
    1.1.2
  1.2
    1.2.1
    1.2.2
2.
  2.1
    2.1.1
    2.1.2
  2.2
    2.2.1
    2.2.2
```

47

激发阅读兴趣的好开头、
消减阅读欲望的坏开头

选取读者关注度高、容易认同的内容

◯ 用文章的开头拉开差距

如果开头就让读者觉得"好没劲""真是晦涩难懂"，那么读者就会放弃继续阅读。所以，要想留住读者，就要学会如何写出精彩的开头。

有趣的开头是指，选取读者高度关注的内容、读者容易认可的内容。首先，内容要有趣，能引人入胜；其次，要让读者感觉到与自己密切相关且对自己有帮助，这样才能激发读者的阅读欲望。

认同感强对读者来说也很重要。如果读者认为"的确是这样，和我想的一样"，这时，读者会觉得这篇文章特别好理解。就是因为好理解，读者才能零负担地轻松读下去。下面举一个能激发读者阅读兴趣的案例《关于礼品的说明》（请参考下一页的图表）。首先，标题一定要体现奖品是什么，这样才能成功吸引读者的兴趣。其次，详细介绍奖品内容和申领方式。

不要因为文章的开头失去读者

特等奖为超大液晶电视

1. 礼品内容

　　本次活动共抽取3000名幸运观众。

　　特等奖共5名，奖品为70V型液晶电视。

特等奖	70V型4K液晶电视	5台
一等奖	大容量冰箱	10台
二等奖	空气净化器	100台
三等奖	32G移动U盘	2885个

> 开门见山地说明
> 读者最关注的事项

2. 申请条件及申请方法

　　任何人都可以申请。请发送空邮件致×××@×××.jp

3. 抽奖活动的背景

　　承蒙诸位的关照，本公司迎来成立5周年纪念日。值此纪念上市之际，我们为大家准备了一份大礼……（以下内容可以简略描述）

吸引读者

不感兴趣

> 不知道到底
> 是什么礼品

关于赠送礼品的公告

1. 抽奖活动计划的背景

　　承蒙诸位的关照，本公司迎来成立5周年纪念。值此纪念上市之际，我们为大家准备了一份大礼……（以下内容很长）

2. 申请礼品条件及申请方法

　　任何人都可以申请。登录电子邮箱发送邮件即可。

3. 礼品的内容

特等奖	70V型4K液晶电视	5台
一等奖	大容量冰箱	10台
二等奖	空气净化器	100台
三等奖	32G移动U盘	2885个

> 一开始就
> 交代背景

◉ 糟糕的开头会让读者感到很烦闷

什么是糟糕的开头呢？可大致分为以下4大类："沉闷冗长""一般论""目的不明确""利己主义"。

第一个是沉闷冗长的开场白。如果开头过于冗长，读者会产生厌恶感，导致有些读者会放弃阅读，有些读者可能会跳过开头。即使文章开头中包含非常重要的内容，也容易被读者忽略掉。

第二个是一般论的开头。空洞的表述让人忍不住想吐槽："到底想说什么？"这对于作者和读者来说都是浪费时间。

第三个是目的不明确的开头。比如"别想把自己的想法强加于别人身上""如此唐突的言论没法接受"等开头方式反而会引起读者的反感。

第四个是利己主义。作者只考虑自己而忽视读者感受的态度会令读者感到很不爽。

各种糟糕的开头

冗长沉闷	一般论
关于ATM交易限额变更的通知 近年来，特殊欺诈行为蔓延以及对洗钱的担忧等社会问题日益明显。例如，电话诈骗一个月的损失金额为…… 上个月…… …… 1.变更交易限额的原因 2.变更金额的详细说明 3.IC卡的切换方法	**关于延长营业时间的通知** 由于近几年的异常天气，许多地区经常发生河水泛滥、房屋地面灌水的情况。在您所居住的地区…… …… 1.延长营业时间的理由 2.营业时间的详细介绍 3.与以往不同之处
● 开头太长导致失去读下去的欲望	● 会产生"到底想表达什么？"的疑问
关于变更人事制度的通知 在前几天的经营会议上，决定了如下相关人事制度的变更事宜，特此通知。感谢大家的支持。 1.关于变更制度的介绍 2.与以往不同之处 3.引入新制度后给我司带来的优势	**关于变更交易条件的通知** 由于汽油价格高涨，本公司的盈利结构正在减弱。为了保证良好的经营管理，我们不得不重新评估与贵公司的交易条件。基于共存共荣的理念，请贵公司修改下述交易条件。 1.执行时间 2.新交易条件的介绍 3.与以往不同之处
● 并未说明为什么如此决定（没有说服力）	● 作者只考虑自己的立场 ● 不考虑读者的感受
目的不明确	**利己主义**

"商务文件中结论先行"并不严谨

传达的时机会影响说服效果

⬤ 结论先行的好处与坏处

商务文件的目的是给读者传达某种信息，并希望得到读者的认可。找最佳时机传达作者想传达的内容，说服效果会更好。

是先提出结论，还是之后总结，要根据读者的情况来调整。但是，通常商务文件中，还是尽早提出结论为好。原因是越来越多的人希望快速知道结论，再边读边判断是否赞同其结论。

以下为建议结论先行的3种情况。第1种情况，读者设定的主题，在等待结论；第2种情况，读者已知结论，需确认结论；第3种情况，写作者希望对方快速理解文本的整体情况时。结论先行的好处是，可以将结论快速地传达给读者，让急性子的读者也容易接受等；坏处是如果突然把结论强加于读者，很容易让读者产生违和感，如果结论不尽如人意，那么读者可能不会有继续读下去的欲望等。

结论先行的情况

好消息啊……

关于新业务的进展，有了令人满意的结果，特此向您汇报

结论先行的情况

- 读者已设定主题，正等结论时
- 读者已知结论，只需确认一下时
- 希望对方快速理解文本的整体情况时

结论先行的好处与坏处

好处	坏处
● 可以快速地传达给读者 ● 急性子的读者容易接受 ● 阅读的过程中可以判断结论的好坏 ● 省略与结论无关的说明，做到精简	● 突然把结论强加于读者时，会产生违和感 ● 如果读者对结论不满意，可能会放弃继续阅读 ● 如果读者没做好心理准备，则难以接受结论

● 结论在后的好处与坏处

有的情况下，结论在后比较好。适合之后提出结论的情况大致也分为3种：第1种情况，作者自拟主题时。因为读者还没有做好听结论的准备，如果把结论强加于读者的话，读者会感到困惑。第2种情况，预想到读者会对结论进行反驳时。如果刚开始就提出结论且遭到读者的反驳，这样读者可能会放弃继续读下去。第3种情况，希望读者通过自行思考理解结论时，也适合之后提出结论。通常在推理小说里结论都放在最后面，如果刚开始就告诉读者"犯人是A"，那就称不上是推理小说了。

把结论放在之后的好处是，让读者抛弃先入为主的观念，积极自主思考；读者有充分的阅读时间。坏处是，不适合急性子的人，读者可能会因迟迟看不到结论而急躁等。

结论在后的情况

让我结合调查
结果好好想想

部长，我这边有个提案，
请您先听听调查结果吧。

结论在后的情况

- 作者自拟主题时
- 预想到读者会对结论进行反驳时
- 希望读者通过自行思考理解结论时

结论在后的好处与坏处

好处	坏处
● 读者可以舍弃先入为主的观念，积极自主思考 ● 读者有充足的时间认真阅读	● 急性子的读者可能会放弃阅读 ● 读者的情绪易暴躁 ● 有时无法准确地传达结论 ● 不同的读者，看待结论的方式会有差异

沟通的6个组成部分

"背景""主题与提问""作者""读者""回答""期待的反应"

沟通的 4 个条件及 2 个成果

写文章的目的是为某些"提问"提供"回答"。举个例子，假设销售活动结束后需要写一份活动报告，听者想针对"活动成果如何"的问题，得到"与A公司确定合作，合作条件如下"的回答。提问和回答的内容对于作者和读者的沟通来说是至关重要的信息。

为了让作者和读者通过文章进行有效的沟通，需要注意沟通的6个构成要素。这6个构成要素是指，4个沟通条件和2个沟通成果。

4个沟通条件包括，"背景""主题与提问""作者""读者"。2个沟通成果包括，"回答""期待的反应"。

有效沟通的 6 个基本构成要素

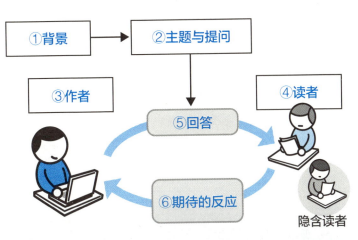

构成要素	说　明
沟通的基本条件	**明确 4 个沟通的"条件"**
①背景	为什么需要设定主题，设定主题的正当理由
②主题与提问	想明确表达和提问的内容
③作者	对主题和提问给出答案的人
④读者	阅读文件的人，商务文件中通常具有隐含读者
沟通的成果	**明确 2 个沟通"成果"**
⑤回答	针对提问的回答、结论或观点
⑥期待的反应	作者希望读者做出的反应

◉ 明确有效沟通的 6 个基本构成要素

第1个要素"背景"是指，明确设定主题的理由。第2个要素"主题与提问"是指，明确要阐明的内容、明确要提出的问题。第3个要素"作者"，就是明确作者的立场。第4个要素是"读者"，指要明确读者的身份。

沟通中的"回答"是指，针对提问的回答，即针对提问得出的结论或观点。"期待的反应"是指，作者期待读者做出的反应，得到了作者如期的反应也就表明写文章的目的已达成。

下一页的图表以经营会议上发表的新业务提案为例，说明了沟通的6个基本构成要素。记住一定要先明确沟通的6个构成要素，如果这些点不够明确，则会陷入重写的无限循环中。

以经营会议上发表的新业务提案为例

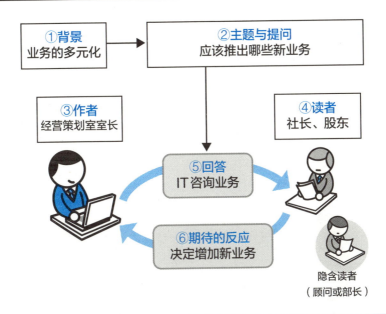

构成要素	以新业务提案为例
①背景	● 信息系统业务停滞，订购单价下降 ● 客户对高增值服务的需求不断增加
②主题与提问	● 提出有助于现有业务增长的新业务 ● 应该推出哪些新业务
③作者	● 经营策划室的室长是撰稿的负责人 ● 室长的属下准备提案资料
④读者	● 读者是社长或股东，有很多演讲的机会 ● 隐含读者是不参加会议的顾问或部长
⑤回答	● 应进军IT咨询行业
⑥期待的反应	● 想得到社长、股东们的高度评价 ● 决定进军IT咨询行业

50

用简易金字塔结构进行分层

提问与回答不能相互矛盾

◐ 将结论与论据分层化

用三个左右的论据支撑结论构成说服材料。

逻辑性用一句话概括，就是毫无矛盾且条理清晰。当然，三角逻辑也是成立的（请参考第20页）。如果应用三角逻辑的话，可以转换为下一页的简易金字塔结构。

当提问和回答（结论或观点）的关系合乎逻辑时，就意味着"基于多个论据（说服理由）的阐述，可以毫无矛盾地说明有关提问的结论"。毫无矛盾地说明指的是"结论正是对提问的回答""结论与论据的因果关系成立""论据充分支撑结论"。

◐ 使So What？ / Why？的关系成立

富有逻辑性的文章要求说明时提问与回答的内容没有矛盾。为了避免自相矛盾，我们应该怎么做呢？支撑回答的论据必须是条理清晰的。论据就是指支撑回答内容的理由。

有逻辑就是指毫无矛盾且条理清晰

有逻辑是指

> 得出的结论正是针对提问的回答、结合多个论据可以毫无矛盾地进行说明
>
> - 结论即是提问的回答内容
> - 结论与论据的因果关系成立
> - 论据就是支撑结论的充分理由

富有逻辑性的文章的结构（简易金字塔结构）

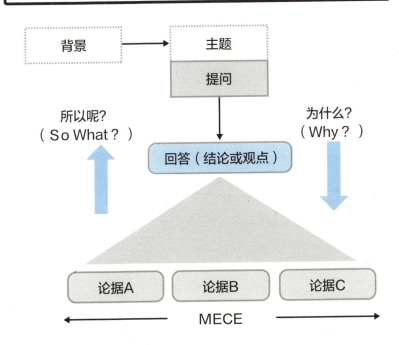

- 论据就是支撑结论的充分理由（MECE）
- 列举三个左右有说服力的论据
- "回答→论据"的关系，就是对"为什么？"的解释过程
- "论据→回答"的关系，就是对"所以呢？"的解释过程

以天气预报为例，如果提问"明天天气如何"，其回答是"明天应该是晴天"。那么读者会半信半疑："明天是晴天的论据是什么？"富有逻辑性的文章应该是能解除读者的疑问的。此时，应该列举几个论据加以说明，这样会更有效果。

⬤ 论据可以用MECE分析法思考

不能有任何遗漏和重复。

说明回答内容的论据作为说服理由，若要完全去除自相矛盾的部分，就需要使其符合MECE法则。如果论据中存在遗漏，那么就会在有遗漏的部分出现矛盾。如果存在重复，同样的内容随处可见，读者会感到混乱无章。MECE分析法是逻辑思考的基础概念，在写作中也很重要。

MECE 是指没有遗漏和重复的状态

MECE=Mutually Exclusive Collectively Exhaustive

没有遗漏和重复的状态

MECE分析法的示意图

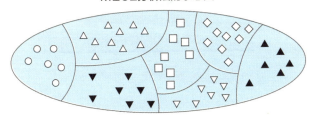

未满20岁	20岁~30岁	31岁~40岁	41岁~60岁	60岁以上

如有遗漏和重复的现象，论据无法充分支撑观点

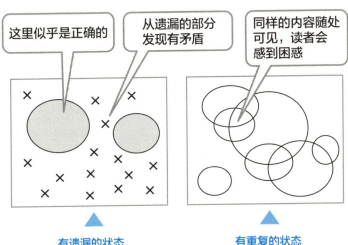

这里似乎是正确的

从遗漏的部分发现有矛盾

同样的内容随处可见，读者会感到困惑

有遗漏的状态
无法解释遗漏部分的矛盾之处

有重复的状态
如果有重复，读者会感到困惑

"分解要素""分步骤""对照概念"
的3种方法

写文章时，MECE分析法的应用

⬤ 如何用MECE来"分解要素"并检查遗漏和重复的情况

使用MECE的方法大致分为3种。第1种是分解要素，分解出构成要素，确认是否有遗漏和重复项。第2种是分步骤。第3种是通过对立面和正反面的对照筛查遗漏和重复项。

首先，我们思考一下"分解要素"。比如，说到四季就是春夏秋冬，如果说到体育竞技，那么会想到田径、球类、游泳、体操等项目，可以参考奥运会的运动项目进行分类。分解要素时，先明确范围内的对象，然后再查看是否有遗漏和重复项。通过限制对象范围，可以更集中思考遗漏和重复的项目。

⬤ "分步骤"之后按照流程及时间顺序进行思考

分步骤分两种情况，一种是按照流程分步进行思考，另一种是按照时间顺序分步进行思考。

首先我们思考一下流程分步的情况。通常，业务流程上能用到分

应用 MECE 的 3 种方法

分解要素
（分解构成要素）

分步骤
（按照流程、时间顺序
进行思考）

对照概念
（寻找对立面、正反面
及其他要素）

● 运用"分解要素""分步骤""对照概念"归纳为MECE

分解成构成要素后确认是否有遗漏和重复项

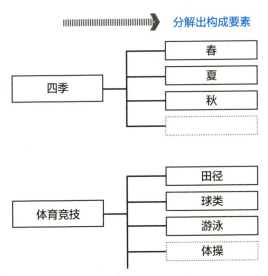

分解出构成要素

四季　　春
　　　　夏
　　　　秋

体育竞技　田径
　　　　　球类
　　　　　游泳
　　　　　体操

● 限制目标范围，分解成构成要素
● 一边确认是否有遗漏和重复项，一边分解

步的方法。我们以涵盖最多业务的制造商业务流程为例思考一下吧。"研究—开发—采购—生产—物流—销售—维修售后服务"是典型的业务流程。还可以按照时间的顺序分步思考，即按照"过去—现在—未来"的顺序思考，这样可以让MECE分析变得更容易。

◉ 用"对照概念"寻找相反、正负面及除此以外的项目

MECE中用得最多的就是对照概念。即寻找相反面、内因外因、质与量、正面因素与负面因素、软硬件及其他对照概念的方法。"对照概念"经常用于转变观念，"逆向思维""出其不意"就是作为发掘至今为止未考虑到的领域的有效手段，很早以前就已经被使用。

分步骤（流程、时间顺序）

按照流程的顺序进行思考

按照时间顺序的发展进行思考

发掘对照概念（正反面、内外部、质与量……）

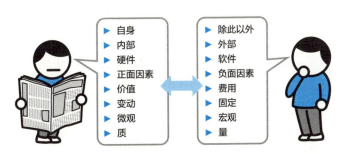

● 尝试有意识地思考对立面及之前从未考虑过的领域

● 通过思考对照概念，可以发现重大遗漏

简单的说明结构——并列型

最容易、简洁地说明论据的逻辑展开方式

⬤ 论据尽量压缩至 3 个左右

逻辑扩展分为并列型和解说型

结论及主张是对提问的回答，而作为说明结论及主张正确的论据，要精炼至3个左右。3个左右是大部分人可以一次性理解的数量。那么关于这3个左右的论据，我们传递什么样的信息比较好呢？这些论据之间其实存在着两种关系，一个是并列型，另一个是解说型。

首先我们思考一下并列型的逻辑展开方式。

⬤ 在并列型的逻辑展开方式中，把论据应用在 MECE 上

在并列型的逻辑展开方式中，论据之间呈并列关系。这里的并列表示论据之间的关系是对等的。当3个左右的论据结合在一起时，可以运用MECE分析法且可以对回答的内容提供充分的有说服力的信息。

"想用简单的结构说明情况时"可以运用并列型逻辑展开方式。针对提问或回答，如果感觉无法得到对方的充分理解或引起对方的兴

在并列型逻辑扩展中用 MECE 法总结论据

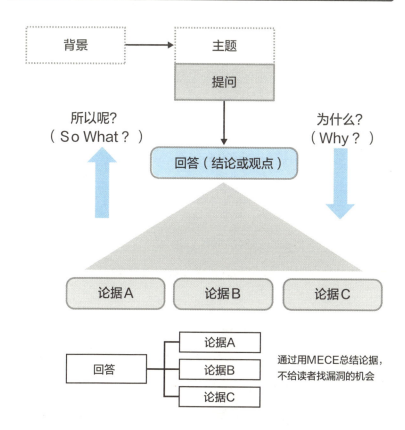

通过用MECE总结论据，
不给读者找漏洞的机会

并列型逻辑扩展的运用场景

想用简单的结构说明时可运用并列型逻辑展开方式

▶ 想简洁地阐述论据时

▶ 想简洁地传达无争议的内容时（传达、确认决策事项时）

▶ 想强调自己的思路清晰且无遗漏和重复，以此说服对方时

趣，那么为了简洁明了地阐明论据，建议运用并列型逻辑展开方式，这样读者不会觉得你在讲大道理。另外，这种方式也可运用于传达决策事项，简洁地传达无争议的共识，强调自己的思路清晰且无遗漏和重复，想说服对方等的场景之中。

⬡ 用并列型逻辑扩展论据的案例

我们用并列型逻辑把论据扩展一下吧。假设提问的内容是："最适合在公寓养的宠物是？"其回答是："建议养小兔子。"针对为什么建议养小兔子的回答需要列出明确的论据。按照场地因素、费用因素、时间及精力因素等3个视点，将各自的论据没有遗漏和重复地用并列型列出来（请参考下一页的示意图）。

场地因素中可以考虑到小兔子可以放在狭小的空间里饲养，这点非常值得关注。费用因素中可以考虑到养小狗、小猫的成本要比养小兔子高很多。时间和精力的因素中可以考虑到养小兔子的话清扫起来比较轻松，而且不用领出去散步。

可以看到，并列型是应用最简单的，并且可以简洁地说明论据的逻辑扩展模式。

并列型逻辑扩展的示例

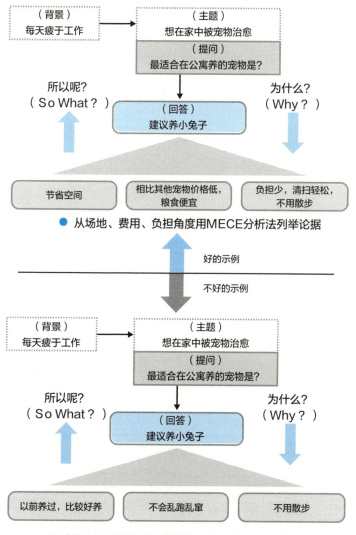

（背景）
每天疲于工作

（主题）
想在家中被宠物治愈

（提问）
最适合在公寓养的宠物是？

所以呢？
（So What？）

（回答）
建议养小兔子

为什么？
（Why？）

节省空间

相比其他宠物价格低，
粮食便宜

负担少，清扫轻松，
不用散步

● 从场地、费用、负担角度用MECE分析法列举论据

好的示例

不好的示例

（背景）
每天疲于工作

（主题）
想在家中被宠物治愈

（提问）
最适合在公寓养的宠物是？

所以呢？
（So What？）

（回答）
建议养小兔子

为什么？
（Why？）

以前养过，比较好养

不会乱跑乱窜

不用散步

● 论据中只列举了自己的爱好，不够全面，会有遗漏
● 没有与其他宠物（小狗或小猫）作对比

通过事例展开——解说型

<u>说服不当时的逻辑拓展模式</u>

⬤ 解说型的逻辑拓展模式

接下来我们一起思考一下解说型的逻辑拓展模式。解说型的逻辑拓展模式使论据更具有故事性。最具通用性的拓展模式是按照"判断材料→判断标准→判断内容"进行拓展。

解说型中的"<u>判断材料</u>"是指，提供事实证明或数据作为回答的依据。"<u>判断标准</u>"是指，读者也能接受的客观标准。"<u>判断内容</u>"是指，根据提示的判断材料和判断标准来判断回答是否令人满意。"判断材料→判断标准→判断内容"这一系列的流程对于毫无矛盾地展开逻辑叙述是至关重要的。

解说型模式可运用于说服不当的情况。并列型只是列举论据，但解说型的论据之间存在故事逻辑，更能提高说服力。

解说型拓展模式用于以下几种情况更有效果：想按照顺序说明得出结论的说服理由时；读者难以理解回答与论据之间的关系时；因未事先表明作者的调查结果及判断内容，从而导致回答没有说服力时。

在解说型逻辑拓展中，
将论据按照"判断材料→判断标准→判断内容"的顺序排列

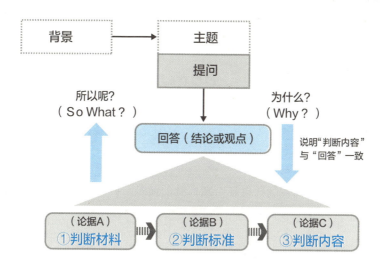

● "判断材料""判断标准""判断内容"是提升论据说服力的3要素

● 说服对方时将论据按照"判断材料→判断标准→判断内容"的顺序排列

①判断材料	提供可推理出回答的信息并提出备选方案
②判断标准	读者认可的客观性的判断标准、常识及原理原则
③判断内容	基于"判断材料×判断标准"得出的判断

解说型逻辑拓展的运用场景

因说服不当对方难以理解时，用解说型

▶ 想按照顺序解释得出结论的理由时

▶ 读者难以理解回答与论据之间的关系时

▶ 因未事先表明作者的调查结果及判断内容，从而导致回答没有说服力时

尝试用解说型进行逻辑拓展

前面讲过"最适合在公寓养的宠物是兔子"的话题，针对这个话题的回答，试着用解说型进行逻辑拓展吧。首先，作为"判断材料"，想一下可以当宠物养的小动物的列表。除了小狗、小猫我们还可以想到小仓鼠、热带鱼等其他小动物。其次，作为"判断标准"，我们可以提出一些决定要养的宠物的标准。比如成本底，可以抱着玩、陪伴感强等因素。

然后，考核判断材料和判断标准的就是"判断内容"。比如，养小狗、小猫的成本及食材费用较高，而小仓鼠和热带鱼无法陪主人玩耍，陪伴感不强，由此可以判断它们并不是最佳的备选宠物。

这样一来，就说明了在公寓中最适合养小兔子的结论是合理的。

解说型逻辑拓展的示例

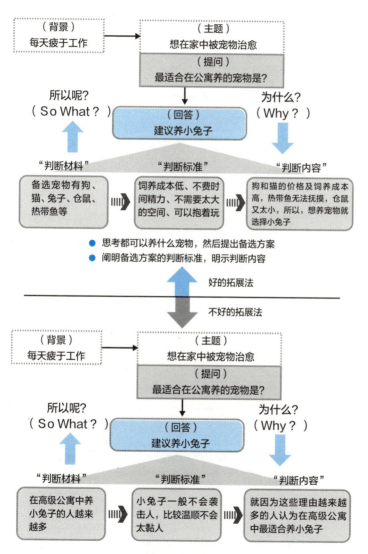

设定4个沟通条件

"背景""主题与提问""作者""读者"

◯ 写文章之前设定 4 个沟通条件是不可或缺的

沟通的4个条件是"背景""主题与提问""作者""读者"。

①背景要明确

背景的构成因素主要包括提出问题（需求）、场景设定、前提条件、前言（开场白）。

在提出问题的环节中要阐明困扰的事项、设定主题的必要性。作为解决某些问题的需求，提出问题是非常有必要的。

在场景设定的环节中要确认是否是公函、内部文件、私人文件，是否有特殊格式要求等。

在前提条件中要确认是新项目还是常规项目；确认是否与以往项目有延续性和关联性；确认是否有特定的读者，还是面向无指定的多数读者。

前言的部分，思考用怎样的话题做开场白。

②明确主题、明确具体的提问内容

待背景明确后设定好主题，阐明具体的提问内容。举个例子，假

首先要阐明"背景"

背景的构成因素	概要
提出问题（需求）	阐明困扰的事项、设定主题的理由是什么
场景设定	是否是公函？是否是内部文件？是否是私人文件？是否重视格式？
前提条件	是新项目还是常规项目？是特定的读者还是未指定的多数读者？
前言（开场白）	考虑文章的开头要引用怎样的话题

其次，明确"主题"并阐明具体的"提问"事项

背景——主题——提问的示例

背景	设定主题	提问
陷入赤字状态	摆脱赤字	▶ 造成赤字的原因是？ ▶ 摆脱赤字的实施方案是？
新产品销售不理想	新产品的推广促销	▶ 新产品销售不出去的原因是？ ▶ 新产品的推广促销实施方案是？
公司内部没有 共同的价值观	建立员工的教育体系	▶ 为什么需要开展员工教育？ ▶ 有效果的教育方式是？
品牌力减弱	建立新品牌战略	▶ 如何维护品牌形象？ ▶ 与其他公司的差别

设背景是陷入赤字，主题设定为摆脱赤字，此时的提问内容可以是：造成赤字的原因是什么？摆脱赤字的实施方案是什么？

③明确作者的立场

明确好提问的内容后要阐明作者的立场。包括报告的定位、作者的立场、格式及细节的确认。在报告的定位上，要明确对内还是对外，是正式的还是非正式的，等等。作者要阐明是站在下属的立场还是上司的立场，是站在专家的立场还是一般人的立场。展示的形式是PPT、Word文档或是其他。除此之外，还要进一步确认格式、文章的长度，事先确认需要多少细节和论据。

④写作时设想一下读者群，不要忘记隐含的读者

最后，还要设想一下读者群。除了直接的目标读者以外，还须考虑到隐含读者，比如有些读者还可能将内容传播给其他人。

明确"作者"的立场

作者	考虑作者立场的判断项目示例
报告的定位	▶ 要给谁看？（公司内部/外部、报告书） ▶ 要发表的文章？（公司报、新闻报道、出版） ▶ 是正式文件还是非正式文件？
作者的立场	▶ 是以下属的立场给上司做报告？ ▶ 是以上司的立场给下属做报告？ ▶ 是以专家的立场还是一般人的立场？
格式	▶ 是以PPT为主还是以Word为主？ ▶ 是否使用固定模板？ ▶ 文章长度？
细节	▶ 需要什么程度的细节？ ▶ 是否需要充分的事实佐证及数据支撑？

设想一下"读者"（不要漏掉隐含读者）

读者	考虑读者立场的判断项目示例
读者是谁	▶ 读者是谁？（公司内部、公司外部、下属、不特定的多数人群） ▶ 直接读者、隐含读者是谁？ ▶ 读者的基本信息？（性别、年龄、兴趣、生活方式）
读者的立场	▶ 读者的知识程度？（专业术语的理解能力、是否有相关知识） ▶ 读者是否是决策者？（决策的必要性） ▶ 读者是否想充实自己的知识？
形式	▶ 是否做展示汇报？ ▶ 是否是认真阅读的读者？ ▶ 是否是拘泥于形式的读者？
细节	▶ 是想了解细节，还是只想知道结果？ ▶ 是否有必要另创建摘要（Summary）

55

用金字塔结构整理层次结构

在层次结构中以结论和论据武装理论

⬡ 什么是金字塔结构

　　为了有逻辑性地说服对方而创建的分层结构称为金字塔结构（请参考第154页）。通过将作为回答的论据分为两层，可以详细并有逻辑性地武装论据。

　　要创建金字塔结构，首先要明确相关提问的回答。其次，阐明提升回答说服力的3个论据。最后，为了进一步增强论据的说服力，在每个论据下面再增加一层，分别为每个论据添加3个左右的详细的依据。

　　回答与论据是"所以呢?"／"为什么?"的关系。另外，每个论据及支撑论据的详细数据也是这样的关系（请参考下一页的图表）。为了有逻辑性地呈现，确认这种关系话会更加完美。

运用金字塔结构是为了保证论据更具逻辑性（多层次）

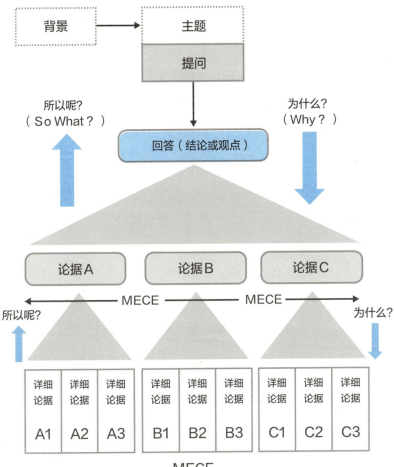

- 金字塔结构是将逻辑结构层次化的结构
　　①首先，要阐明对提问的回答（结论或观点）
　　②其次，为了佐证回答的内容阐述3个左右的论据
　　③为了进一步增强说服力，再增加一层佐证论据的详细依据
- 通过确认"所以呢？"/"为什么？"的内容提高MECE的完成度

◯ 试着创建一个金字塔结构

例题的问题是："最适合在公寓养的宠物是？"其回答是："建议养小兔子。"根据这个例题我们试着创建一个金字塔结构吧。右页的图是我们用解说型模式创建的。

首先作为判断材料，查找适合在公寓饲养的备选宠物列表。其次，为了选择宠物，列举3个左右的判断标准。最后，参考判断材料和判断标准阐明得出的判断。

判断材料可以再细化为放养型、圈养型、鱼缸饲养型这3种类型。

判断标准可以从费用、时间精力、通过养宠物获得治愈的感觉等3个方面展示详细的论据。

在考虑判断材料和判断标准的基础上可以得出判断内容，即结论。养狗和猫的费用较高，而且狗和猫很难管教比较费时间和精力，而小仓鼠由于太敏捷又不能与人有过多的亲密接触，缺少治愈的陪伴，貌似不太适合。最后，可以检查一下创建的金字塔结构是否符合逻辑。

金字塔结构的填写示例

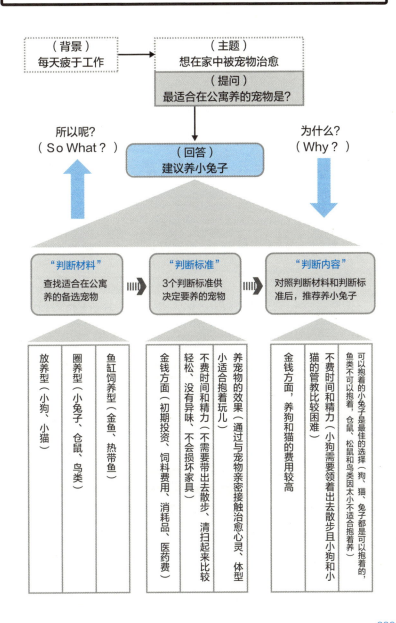

56

【 传达的顺序① 】

结论先行的展开法

按照"背景→主题→提问→回答→论据"的顺序进行写作

◯ 结论在先的文章，其逻辑结构要自上而下展现

我们一起思考一下用金字塔结构创建文章的方法吧。首先，我们了解一下结论在先的展开法。

我们先看一下金字塔结构的单层（下一页的上半幅图）。首先按照"背景→主题→提问"的顺序写。

结论在先的文章，先明确提问的内容，再把作为回答的结论写下来。写明"结论"之后，紧接着列举3个左右的论据。基于列举的论据得出的回答获得读者的认可后，就要写下总结，总结可以写"基于以上的3个论据得出了本结论"。总结就是对写过的内容进行回顾和确认的过程。

即使换成多层次金字塔结构，前半部分的流程也是一样的。同样，建议先说明3个论据。

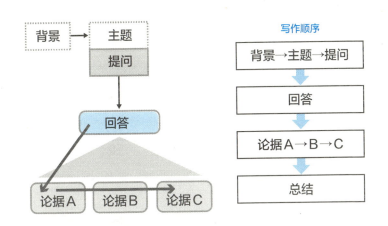

结论先行的展开法 / 金字塔结构（单层）

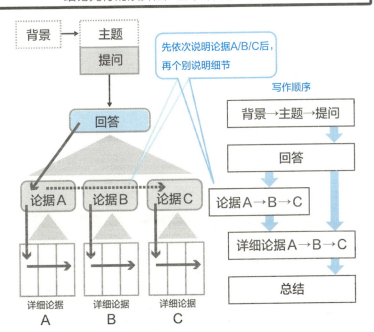

结论先行的展开法 / 金字塔结构（多层）

⬤ 试着写一个结论先行的文章

请看下一页的图表。图表上是将文章按照背景→主题→提问→回答→论据的顺序排列的。按照这个顺序，可以写出有逻辑性的文章。

"当今社会人们时刻处于巨大的压力之下，工作变得越来越累，偶尔放松、转换一下心情是非常有必要的。释放压力、放松心情固然很重要，但是还要考虑到资金因素，不能大手大脚地花钱。由此，考虑在家里养个小宠物帮助你缓解压力如何呢？现在大部分人都住在公寓里，这样的环境养什么宠物好呢？我推荐的宠物是小兔子。推荐的理由大致有以下3项。"

如上，给出回答后再按照顺序依次说明论据与细节部分。第一个论据列举适合在公寓饲养的备选宠物，第二个论据列举决定选择何种宠物的判断标准，第三个论据写下对照判断材料和判断标准的判断内容。最后，针对整体的内容进行简单回顾并检查回答是否有说服力。

写作通俗易懂的文章的要领之一就是运用序号表述，运用序号表述的文章会更加条理清晰。例如，"……有3种情况""第1种是……""第2种是……""第3种是……"的表述方式。

试着写一篇结论先行的文章

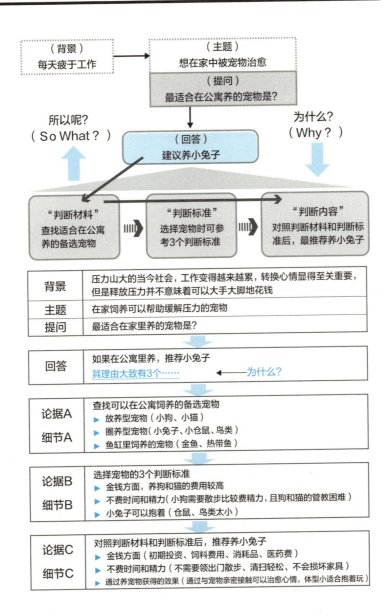

背景	压力山大的当今社会，工作变得越来越累，转换心情显得至关重要，但是释放压力并不意味着可以大手大脚地花钱
主题	在家饲养可以帮助缓解压力的宠物
提问	最适合在家里养的宠物是？

回答	如果在公寓里养，推荐小兔子 其理由大致有3个……　←━━━为什么？

论据A 细节A	查找可以在公寓饲养的备选宠物 ▶ 放养型宠物（小狗、小猫） ▶ 圈养型宠物（小兔子、小仓鼠、鸟类） ▶ 鱼缸里饲养的宠物（金鱼、热带鱼）

论据B 细节B	选择宠物的3个判断标准 ▶ 金钱方面，养狗和猫的费用较高 ▶ 不费时间和精力（小狗需要散步比较费精力，且狗和猫的管教困难） ▶ 小兔子可以抱着（仓鼠、鸟类太小）

论据C 细节C	对照判断材料和判断标准后，推荐养小兔子 ▶ 金钱方面（初期投资、饲料费用、消耗品、医药费） ▶ 不费时间和精力（不需要领出门散步、清扫轻松、不会损坏家具） ▶ 通过养宠物获得的效果（通过与宠物亲密接触可以治愈心情，体型小适合抱着玩）

57

【 传达的顺序② 】

结论在后的展开法

按照"背景→主题→提问→论据→回答"的顺序进行写作

结论在后的逻辑结构

接下来，我们思考一下后传达结论的情况该如何运用金字塔结构写文章吧。

先思考一下单层金字塔结构（请参考下一页的上图）。首先，按照"背景→主题→提问"的顺序写。

结论在后的文章，一旦提问的内容明确下来就直接进入说明论据的环节，将论据全部说明完毕后再揭示结论。

紧接问题列举3个左右的论据，论据说明完毕随即引出结论。读者在阅读论据的过程中，会自然而然地理解作者的回答并渐渐产生认同。最后以"根据以上3个论据，得出了这样的结论"的表述方式，揭示回答并做收尾。

再看一下多层次的金字塔结构应该按照怎样的顺序写作（请参考下一页的下图）。提出问题之后先说明论据，如"思考此问题的关键点大致分为3个"，然后进入详细说明论据的环节，这样读者更容易

结论在后的展开法

金字塔结构（单层）的情况

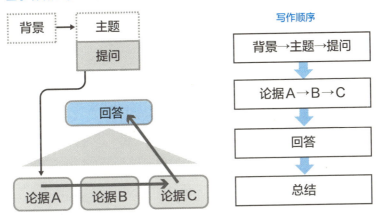

金字塔结构（多层）的情况

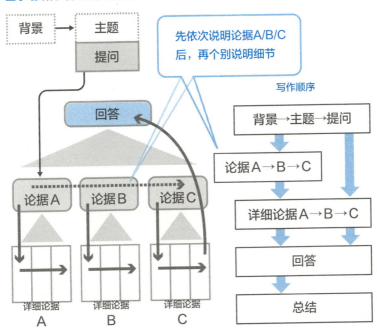

把握整体情况。

⊙ 试着写一篇结论在后的文章

请参考下一页的图。按照背景→主题→提问→论据→回答的顺序排列文章的写作顺序，就可以写出有逻辑性的文章。

紧接着提问可以逐一说明论据和详细依据。在第1个论据中列举在公寓中饲养的备选宠物，在第2个论据中写下选择宠物的判断标准，在第3个论据中对照并结合判断材料和判断标准，写下判断内容。

写完全部论据后就可以得出最终的结论。最后，作为上述内容的总结，简单回顾一下整体内容并与读者确认回答是有说服力的。

试着写一篇结论在后的文章

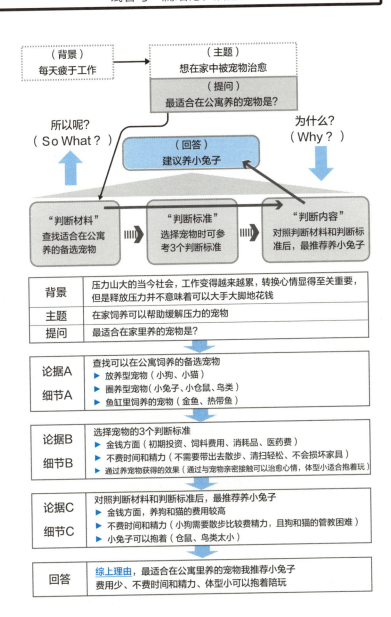

背景	压力山大的当今社会，工作变得越来越累，转换心情显得至关重要，但是释放压力并不意味着可以大手大脚地花钱
主题	在家饲养可以帮助缓解压力的宠物
提问	最适合在家里养的宠物是？

论据A 细节A	查找可以在公寓饲养的备选宠物 ▶ 放养型宠物（小狗、小猫） ▶ 圈养型宠物（小兔子、小仓鼠、鸟类） ▶ 鱼缸里饲养的宠物（金鱼、热带鱼）

论据B 细节B	选择宠物的3个判断标准 ▶ 金钱方面（初期投资、饲料费用、消耗品、医药费） ▶ 不费时间和精力（不需要带出去散步、清扫轻松、不会损坏家具） ▶ 通过养宠物获得的效果（通过与宠物亲密接触可以治愈心情，体型小适合抱着玩）

论据C 细节C	对照判断材料和判断标准后，最推荐养小兔子 ▶ 金钱方面，养狗和猫的费用较高 ▶ 不费时间和精力（小狗需要散步比较费精力，且狗和猫的管教困难） ▶ 小兔子可以抱着（仓鼠、鸟类太小）

回答	综上理由，最适合在公寓里养的宠物我推荐小兔子 费用少、不费时间和精力、体型小可以抱着陪玩

将目录分级"可视化"

完成目录后，在每个标题上添加关键词

◉ 尝试从金字塔结构中提取目录

如果理解了创建金字塔结构的写作顺序，接下来就可以做目录。写文章时最关键的点就是先做目录（标题的集合）。

当写作变得熟练之后，可以快速创建目录，而无需搭建金字塔结构，因为你已经养成了一边构思金字塔结构一边创建目录的习惯。横向格式的目录创建起来会更容易。

接下来，我们试着把金字塔结构转换成目录吧。在目录的每个标题上标记编号，标记编号会显得目录更张弛有度。例如，大标题用1.标记，副标题用（1）标记，小标题用①标记。写标题时，副标题空一格起行，小标题空两格起行，这样的编排方式会显得文章更具结构化、视觉更清晰。

尝试提取出目录（标题）

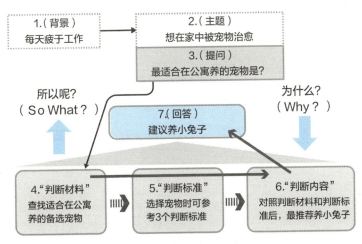

通过金字塔结构创建目录时

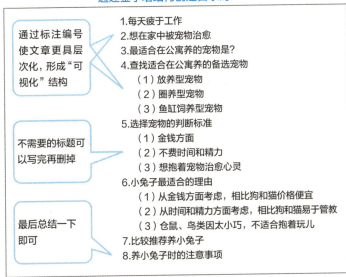

- 即使文章中不需要设置标题，也可以先想好标题再写文章
- 写完文章后，可以删除不需要的标题

⬤ 在每个标题上附注关键词，点明文章中心

写完文章后可以把不需要的标题删除掉。对于作者来说，标题越详细越易于写作。但是，对于读者来说，将标题减少到适当的数量更容易阅读。为便于读者阅读，可以每500字左右加上一个标题。

目录做好后，在每个标题上附注关键词。这里的关键词是指能勾起记忆的词汇。在写文章时，通过附注的关键词提醒自己想写的内容（请见下一页的图）。

例如，针对"1.每天疲于工作"的标题附注"功利主义者""加班""不能发牢骚"等关键词，通过关键词可以提示作者想写的内容。一边修改标题和关键词，想写的内容就会越来越明了。与其写完文章后进行修改，不如在写作之前先修改标题和关键词，以提高文章的完成度。

当然，如果是400字以内的短篇就不需要标题了。但是，还是可以按照写文章的顺序列举一下关键词。

通过标注关键词，该写的内容会更加具体

给各个标题标注关键词的示例

1.每天疲于工作
　功利主义者、加班、不能发牢骚、不能转换心情、孤独、抑郁症频发
2.想在家里养宠物治愈心情
　宠物热潮、想养宠物、不想花太多的钱和精力、公寓住宅
3.想一想最适合在公寓养的宠物
　想考虑小型动物，爬行类和昆虫类除外，不想给邻居添麻烦
4.在公寓可以养什么动物呢？
　小动物的种类、受欢迎的小动物、关于宠物的各种信息
　（1）放养型宠物
　　　狗、猫为主。狗和猫的饲养方法、好处及坏处，关于狗和猫的各种信息
　（2）圈养型宠物
　　　小兔子、鸟类等。小兔子、鸟类的饲养方法、好处及坏处，关于小兔子和鸟类的各种
　　　信息
　（3）鱼缸饲养型宠物
　　　金鱼、热带鱼。金鱼和热带鱼的饲养方法、好处及坏处，关于鱼的各种信息
5.选择宠物的判断标准
　金钱、时间和精力、可以抱着玩儿（陪伴感）
　（1）金钱方面
　　　初期投资，宠物的价格，饲养所需的道具、饲料费用，消耗品，医药费
　（2）时间精力方面
　　　散步、清扫、去异味，不损伤家具及装修
　（3）能抱着玩儿治愈心情
　　　体型小可以放在腿上、手感毛绒绒的、能够理解人类发出的指令
6.最推荐小兔子的理由
　结合金钱、时间精力、可以抱着玩的体型等因素综合评估适合饲养的宠物
　（1）金钱方面相比狗和猫更便宜
　　　狗和猫的价格在几万日元以上，小兔子只需要5000日元，与鸟类和鱼类的价格相近
　（2）时间精力方面相比狗和猫耗费较少
　　　养狗和猫时管教问题比较关键，养狗还需要带出去散步，养小兔子和仓鼠只需要
　　　清扫笼子，养鱼的话需要换水
　（3）仓鼠、鸟类体型太小
　　　仓鼠、鸟类非常小巧且敏捷，鱼只能观赏
7.推荐养小兔子
　综合评估宠物。即结合金钱、时间精力方面的因素总结推荐养小兔子的理由
8.养小兔子时的注意事项
　夜间活动，需要磨牙，不能把两只雄性兔子放在同一个笼子里

如果把标题和关键词总结到这个程度，
下笔就是顺理成章的事情了。

59

【步骤①】

设定沟通条件

明确"背景""主题与提问""作者""读者"

◯ 试着写一篇两页纸（约800字）的文章

接下来介绍写一篇两页纸（约800字）文章的写作顺序。例题的主题设定为"个人的夏令时建议"。文章的写作顺序为"设定沟通的条件→创建金字塔结构→创建目录→编写文章→校对"。

首先，设定沟通的条件，明确"背景""主题与提问""作者""读者"。

关于背景，我考虑的是以下3点。第1点是公司引入弹性工作制度和自由工作制度，第2点是与家人的作息时间冲突，第3点中表述受上班早高峰的影响导致工作效率低下。

其次，思考关于主题与提问的内容。主题为"个人的夏令时建议"。将所有的生活习惯转变成个人的夏令时，即提前1小时上班，提前1小时下班。提问的内容设定为"为什么说比其他人早起早睡会更好？"。如果回答不上来，那么建议夏令时的说法就失去了说服力。

写一篇两页纸（约800字）的文章/设定沟通的条件

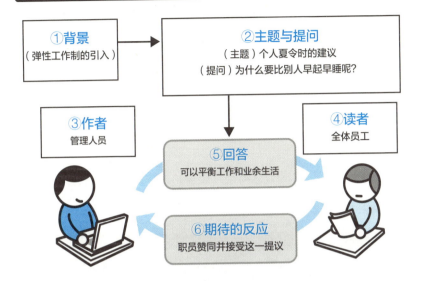

构成要素		说明
①背景		▶ 公司的弹性工作制度和自由工作制度的引入 ▶ 与家人的作息时间冲突（到家时家人已入睡） ▶ 受上班早高峰的影响导致工作效率低下
②主题与提问	主题	▶ 执笔主题：个人的夏令时建议 （个人的夏令时是早起早睡1小时）
	提问	▶ 为什么说比其他人早起早睡1小时会更好呢？
③作者		▶ 高管（自己） ▶ 公司委托我为企业内刊写一篇文章，写作内容是"对员工有用的生活小贴士"
④读者		▶ 全体员工 ▶ 为转换心情而阅读企业内刊的员工
⑤回答		▶ 可以平衡工作与业余生活 ▶ 早晨可以提高工作效率，晚上可以早点下班回家陪伴家人
⑥期待的反应		▶ 员工对此提案表示认同与理解 ▶ 可以实践个人的夏令时

假设作者受公司委托写一份对员工有用的生活小贴士，读者是公司全体员工，想象一下员工为了转换心情阅读企业内刊的场景。针对提问的回答是，可以平衡工作和业余生活。期待的反应是提案得到大家的认同，有人愿意执行夏令时。

◉ 执笔准备

首先，衡量一下800字的量。如果是800字，一行可以写20字，每写满5-6行就另起一段，这样的编排更容易阅读。按照这种编排会有7个左右的自然段，同时可以拟定7个左右的标题。写800字左右的文章时，可以先写上标题，待写完全篇后删掉标题即可。标题是为了便于作者在写作时构思文章结构。

作为创建目录前的准备，可以把想写的内容的关键词写在纸上。写出关键词的同时总结3个左右的论据。

800 字的文章

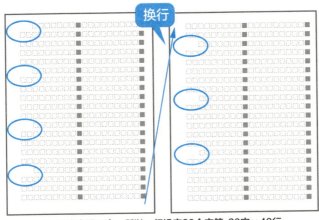

换行

- 因文字量不多，所以一行设定20个字符，20字×40行
- 每写满5~6行就另起一段，构成7个自然段的文章

作为创建目录的准备，尝试列出关键词

早晨的工作效率好

提高工作效率

可以集中注意力

个人的夏令时是?

减少上班高峰导致的疲劳

早上的空气清新

弹性工作制度的引入

自由工作制度的引入

早上电话比较少

与家人的聊天时间

用上午的时间完成工作

需要做决策的业务适合安排在早上

偶尔准时回家

经验之谈

成功案例

写出关键词的同时，最终总结3个左右的论据。

60

【步骤②】

完成具有说服力的文章结构

区分使用并列型和解说型

⬤ 创建并列型的金字塔结构

创建一个主题为"个人的夏令时"的金字塔结构。列举3个左右的论据时，可以采用并列型和解说型两种方式。首先，用MECE法收集的3个左右的论据创建一个并列型的金字塔结构。

针对"为什么建议早起早睡？"的提问，想到的论据是"地铁比较空，通勤更轻松""早上工作注意力更集中""生活会变得张弛有度"等3点。

首先，对第一个论据"地铁比较空，上班比较轻松"的论据进一步思考一下。再具体一点可以考虑到避开早高峰、减少上下班通勤带来的疲劳感。第二个论据"早上可以更专心工作"，具体一点说就是9点之前几乎没有电话，利用上午头脑清晰的时间可以处理复杂的工作等。第三个论据"生活会变得张弛有度"，再具体一点就是可以早点回家陪伴家人、自己的私人时间会增多等。

创建并列型的金字塔结构

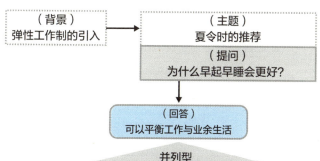

（背景） 弹性工作制的引入	→	（主题） 夏令时的推荐

（提问）
为什么早起早睡会更好？

（回答）
可以平衡工作与业余生活

并列型
用MECE法收集并列型论据

论据A 地铁比较空， 通勤更轻松	论据B 早上工作注 意力更集中	论据C 生活会变得 张弛有度
▶ 避开上下班高峰期 ▶ 避免因地铁拥挤带来的精神压力 ▶ 减少疲劳 ▶ 最好能占座 ▶ 可以在地铁上读报纸（注：日本人习惯在地铁上读报纸） ▶ 夏天的早上凉爽 ▶ 冬天虽然冷，但是总比在拥挤的地铁上汗流浃背的好 ▶ 到公司后也不会觉得疲惫	▶ 9点之前几乎不会有电话 ▶ 早上上班的同事少，不会被打扰闲聊 ▶ 早上比较安静 ▶ 早上领导不在可以放松 ▶ 可以安静地思考工作安排 ▶ 据大脑生理学了解，上午是大脑最活跃的时间 ▶ 上午的时间，即使是复杂的工作也可以顺利地进行	▶ 早上空气清新，心情也不错 ▶ 可以早点回家陪伴家人 ▶ 能在孩子睡觉之前到家 ▶ 可以陪家人聊天 ▶ 看电视转换心情 ▶ 可以早点吃晚饭，有益健康 ▶ 早点睡提高睡眠质量 ▶ 通过早点上班可以加强团队意识 ▶ 可以意识到张弛有度的重要性

通过列举具体的论据，可以"可视化"要写的
内容（可以想到什么就列举什么）。

◉ 创建解说型的金字塔结构

接下来我们创建解说型的金字塔结构吧。当追求高度的说服力时，使用解说型是很有效的。在解说型中按照"判断材料→判断标准→判断内容"的顺序排列论据，并通过金字塔结构进行详细说明。

作为解说论据的组成部分，我们把"时间的灵活运用情况"视为判断材料，把"提升工作效率并提高业余生活的充实感的条件"视为判断标准，把"可以平衡工作和业余生活"作为判断内容。

首先，作为第一个论据的判断材料，列举了关于如何灵活运用时间的情况的具体示例。如，弹性工作时间的导入、早上地铁比较空等示例。

作为第二个论据的判断标准，列举了提升工作效率并提高业余生活的充实感的条件。比如举例说明每个人都希望能够平衡工作和生活，夜以继日地工作对身体和精神方面都会造成不良影响等。

作为第三个论据的判断内容，列举了能够支撑判断论据，即论证平衡工作与业余生活的具体示例。如，多利用工作效率高的上午时间等示例。

创建解说型的金字塔结构

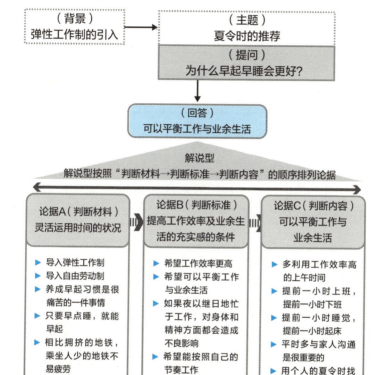

（背景） 弹性工作制的引入	→	（主题） 夏令时的推荐

（提问）
为什么早起早睡会更好？

（回答）
可以平衡工作与业余生活

解说型
解说型按照"判断材料→判断标准→判断内容"的顺序排列论据

论据A（判断材料） 灵活运用时间的状况	论据B（判断标准） 提高工作效率及业余生活的充实感的条件	论据C（判断内容） 可以平衡工作与业余生活
▶ 导入弹性工作制 ▶ 导入自由劳动制 ▶ 养成早起习惯是很痛苦的一件事情 ▶ 只要早点睡，就能早起 ▶ 相比拥挤的地铁，乘坐人少的地铁不易疲劳 ▶ 早上公司的人较少，比较安静 ▶ 早上几乎没有来电 ▶ 据大脑生理学了解，上午是大脑最活跃的时间 ▶ 如果你早点上班，可以早点回家	▶ 希望工作效率更高 ▶ 希望可以平衡工作与业余生活 ▶ 如果夜以继日地忙于工作，对身体和精神方面都会造成不良影响 ▶ 希望能按照自己的节奏工作 ▶ 想在安静的环境下工作 ▶ 平时多跟家人聊天 ▶ 如果能平衡工作与家庭有助于扩大视野 ▶ 最好停下来给自己思考的时间	▶ 多利用工作效率高的上午时间 ▶ 提前一小时上班，提前一小时下班 ▶ 提前一小时睡觉，提前一小时起床 ▶ 平时多与家人沟通是很重要的 ▶ 用个人的夏令时找回自己的时间

通过列举具体的论据，可以将要写的内容"可视化"（可以想到什么就列举什么）。

61

【步骤③】

整理标题，创建目录

建议按照"背景→主题与提问→回答→论据→总结"的顺序

⬤ 整理并列型的目录（标题的集合）

让我们参考金字塔结构来创建一个目录（标题的集合）。首先，用并列型创建的金字塔结构来创建一个目录。后续的目录制作，我们统一以先行提出结论或观点（回答）的形式进行说明。接下来我们围绕并列型和解说型这两种方式展开说明目录的创建方法及其区别。

排列标题时建议按照"背景→主题与提问→回答（结论或观点）→论据→总结"的顺序。最后加上总结，给予读者再次确认的机会。

第一个标题是作为背景的"1.公司引入弹性工作制"，第二个标题是阐释主题的"2.为什么说早起早睡会更好？"，第三个标题是作为回答的"3.利用个人的夏令时平衡工作与业余生活"。

第四到第六个标题分别列举出"论据"。分别为"4.地铁比较空，上班更轻松""5.早上工作注意力更集中""6.生活变得张弛有度"。最后，以"7.先实践个人的夏令时"的方式进行收尾。

整理并列型目录（标题的集合）

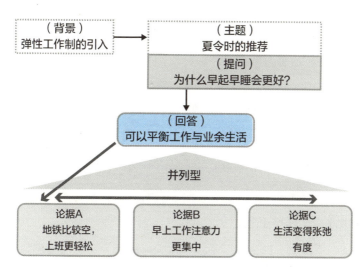

创建目录（并列型）

个人的夏令时的建议

1.公司引入弹性工作制

2.为什么说早起早睡会更好？

3.利用个人的夏令时平衡工作与业余生活

4.地铁比较空，上班更轻松

　▶ 可以避开上下班高峰，避免精神压力

　▶ 减少早上上班的疲劳感

　▶ 在人少的地铁上可以读报纸

5.早上工作注意力更集中

　▶ 9点之前几乎没有电话

　▶ 早上公司人少，可以专心工作

　▶ 上午大脑比较活跃

6.生活变得张弛有度

　▶ 早上空气比较清新，心情舒畅

　▶ 晚上可以陪伴家人、聊天

　▶ 可以意识到生活张弛有度的重要性

7.先实践个人的夏令时

因要求写短篇文章，所以可以压缩目录的范围（项目太多也用不上）

不用特意追加关键词（因为内容已经很充分）

⬡ 整理解说型的目录（标题的集合）

以同样的主题，再试着创建一个解说型的目录。标题的排列顺序与并列型相同。建议按照"背景→主题与提问→回答（结论或观点）→论据→总结"的顺序。

从第一到第三个标题与并列型一样。从第四到第六个标题排列构成回答的"论据"。但是需要注意的是，并列型与解说型中列举的论据内容是不同的。在第四到第六个标题中设置了解说型的如下论据："4.灵活运用时间的情况""5.提高工作效率与业余生活充实感的条件""6.平衡工作与业余生活"。

第七个标题，即最后一个标题作为整体的"总结"。以"7.先实践个人的夏令时"的表述方式收尾。

整理解说型的目录（标题的集合）

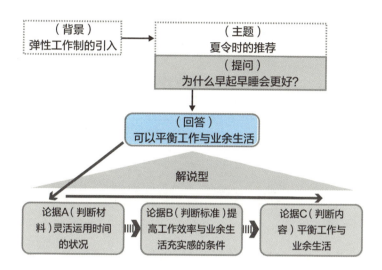

创建目录（解说型）

个人的夏令时的建议

1.公司引入弹性工作制

2.为什么说早起早睡会更好？

3.利用个人的夏令时平衡工作与业余生活

4.灵活运用时间的状况

  ▶ 早上地铁比较空

  ▶ 早上公司比较安静，可以专心工作

  ▶ 家人入睡之前可以回家

5.提高工作效率与业余生活充实感的条件

  ▶ 希望工作效率更高

  ▶ 希望可以平衡工作与业余生活

  ▶ 平时就应该与家人多沟通

6.平衡工作与业余生活

  ▶ 多利用工作效率高的上午时间

  ▶ 提前一小时上班，提前一小时下班

  ▶ 利用个人的夏令时找回自己的私人时间

7.先实践个人的夏令时

标题用解说型进行排列

因要求写短篇文章，不用特意追加关键词（因为内容已经很充分）

62

【步骤④】

写一篇完整的文章

参考目录与金字塔结构

◯ 试着写一篇完整的文章

①并列型的情况

接下来，我们参考目录和金字塔结构写一篇完整的文章，先用并列型的目录写。约800字的文章，大致需要设定7个标题。每个标题对应的内容可以写约120字的内容。对应标题"1.公司引入弹性工作制"，写出设定主题的背景作为导语。如，"我公司自4月份开始引入了弹性工作制度和自由劳动制度。借此机会，我们想研究一下时间的利用方法"。

其次，提出"为什么说早起早睡会更好？"的问题。针对这个提问的回答写类似于"利用个人的夏令时平衡工作与业余生活"的文章。并可以提出类似于"个人的夏令时可以让生活变得张弛有度，可以平衡工作与业余生活"的观点。

为了说服读者提出以下论据："4.地铁比较空，通勤更轻松""5.早上工作注意力更集中""6.生活变得张弛有度"。最后作为总结以

试着用并列型的标题创建文章

个人夏令时的建议

1.公司引入弹性工作制

我公司自4月份开始引入了弹性工作制度和自由劳动制度。借此机会，我们想研究一下时间的利用方法。

2.为什么说早起早睡会更好？

建议早上早起去公司上班，晚上早点下班回家。我从3年前开始5点起床，22点睡觉。为什么说早起早睡更好呢？

3.利用一个人的夏令时平衡工作与业余生活。

早点起床，提前上班是重新考虑时间的利用方法的好机会。我把提前1小时上班，提前1小时下班称作"个人的夏令时"。一个人的夏令时可以让生活变得张弛有度，可以平衡工作与业余生活。其理由是什么呢？

4.地铁比较空，通勤更轻松

第一个理由是地铁比较空，通勤变得轻松。可以避免上下班高峰，减少因拥挤带来的精神压力。可以减少上下班的疲劳，可以安静地刷手机新闻。

5.早上工作注意力更集中

第二个理由是早上工作注意力更集中。9点之前几乎没有电话，早上公司比较安静。另外，上午大脑的活跃度比下午高。

6.生活变得张弛有度

第三个理由是生活变得张弛有度。早上的空气比较清新，心情也舒畅。另外，晚上可以早点回家陪家人聊天。如果敢于早起1小时，你就能体会到张弛有度的生活的重要性。

7.先实践个人的夏令时

如上所述，提前1小时上班，提前1小时下班，你会感受到生活的乐趣。就当以被骗的心态体验一下夏令时。如果你认为很不错可以继续下去，如果觉得不适合复旧如初就可以了。

写完文章后，可以删掉多余的标题

个人夏令时的建议

我公司自4月份开始引入了弹性工作制度和自由劳动制度。借此机会，我们想研究一下时间的利用方法。

建议早上早起去公司上班，晚上早点下班回家。我从3年前开始5点起床，22点睡觉。为什么说早起早睡更好呢？

早点起床，提前上班是重新考虑时间的利用方法的好机会。我把提前1小时上班，提前1小时下班称作"个人的夏令时"。个人的夏令时可以让生活变得张弛有度，可以平衡工作与业余生活。为什么会这么说呢？

第一个理由是地铁比较空，通勤变得轻松。可以避免上下班高峰，减少因拥挤带来的精神压力。可以减少上下班的疲劳，可以安静地刷手机新闻。

第二个理由是早上工作注意力更集中。9点之前几乎没有电话，早上公司比较安静。另外，上午大脑的活跃度比下午高。

第三个理由是生活变得张弛有度。早上的空气比较清新，心情也舒畅。另外，晚上可以早点回家陪家人聊天。如果敢于早起1小时，你就能体会到张弛有度的生活的重要性。

如上所述，提前1小时上班，提前1小时下班，你会感受到生活的乐趣。就当以被骗的心态体验一下夏令时。如果你认为很不错可以继续下去，如果觉得不适合复旧如初就可以了。

"7.先实践个人的夏令时"为标题，推荐个人的夏令时。

⬡ 试着写一篇完整的文章

②解说型的情况

参考目录和金字塔结构试着写一篇解说型的文章。标题的第4~6项为论据，这就是与并列型不同的部分。

在第一个论据"4.灵活运用时间的状况"中说明灵活运用时间的可能性。如，"清晨地铁肯定没有多少人，可以安静地刷手机新闻。早上也不会有客户的电话……"。在第二个论据"5.提高工作效率及业余生活的充实感的条件"中，让读者了解确保业余生活时间的重要性。在第三个论据中让读者确信"6.平衡工作与业余生活"的重要性，得到读者认可并引导读者找回私人时间。

试着用解说型的标题创建文章

个人夏令时的建议

1.公司引入弹性工作制度
我公司自4月份开始导入了弹性工作制度和自由劳动制度。借此机会，我们想研究一下时间的利用方法。

2.为什么说早起早睡会更好？
建议早上早起去公司上班，晚上早点下班回家。我从3年前开始5点起床，22点睡觉。为什么说早起早睡更好呢？

3.利用一个人的夏令时平衡工作与业余生活。
早点起床，提前上班是重新考虑时间的利用方法的好机会。我把提前1小时上班，提前1小时下班称作"个人的夏令时"。个人的夏令时可以让生活变得张弛有度，可以平衡工作与业余生活。为什么会这么说呢？

4.灵活运用时间的状况
清晨的地铁，人少是一定的。可以用手机刷新闻。早上公司的业务电话较少，且上班的人少，可以安静地专心工作。提前多久上班就可以提前多久下班，这样可以早点回家，趁家人还没有睡的时候聊聊天。

5.提高工作效率及业余生活充实感的条件
人生不只是工作。给自己创造私人时间是非常重要的。通过提高工作效率，争取陪伴家人的时间和私人时间是非常有必要的。如果利用上午的时间完成大部分的工作，那么这一天你会感到如释重负。

6.平衡工作与业余生活
为了利用上午的时间完成一大半的工作，可以增加效率高的上午时间。通过早睡早起1小时，上午挤出1小时的时间专心工作是不是更好呢。利用夏令时找回自己的私人时间吧。

7.先实践个人的夏令时吧
如上所述，提前1小时上班，提前1小时下班，你会感到生活的乐趣。就当以被骗的心态体验一下夏令时，如果你认为很不错可以继续下去，如果觉得不适合复旧如初就可以了。

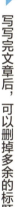

写写完文章后，可以删掉多余的标题

个人夏令时的建议

我公司自4月份开始导入了弹性工作制度和自由劳动制度。借此机会，我们想研究一下时间的利用方法。

建议早上早起去公司上班，晚上早点下班回家。我从3年前开始5点起床，22点睡觉。为什么说早起早睡更好呢？

早点起床，提前上班是重新考虑时间的利用方法的好机会。我把提前1小时上班，提前1小时下班称作"个人的夏令时"。个人的夏令时可以让生活变得张弛有度，可以平衡工作与业余生活。为什么会这么说呢？

清晨的地铁，人少是一定的。可以用手机刷新闻。早上公司的业务电话较少，且上班的人少，可以安静地专心工作。提前多久上班就可以提前多久下班，这样可以早点回家，趁家人还没有睡的时候聊聊天。

人生不只是工作。给自己创造私人时间是非常重要的。通过提高工作效率，争取陪伴家人的时间和私人时间是非常有必要的。如果利用上午的时间完成大部分的工作，那么这一天你会感到如释重负。

为了利用上午的时间完成一大半的工作，可以增加效率高的上午时间。通过早睡早起1小时，上午挤出1小时的时间专心工作是不是更好呢。利用夏令时找回自己的私人时间吧。

如上所述，提前1小时上班，提前1小时下班，你会感受到生活的乐趣。就当以被骗的心态体验一下夏令时，如果你认为很不错可以继续下去，如果觉得不适合复旧如初就可以了。

这里就是与并列型不同的部分

63

【步骤⑤】

重新阅读后做好收尾工作

检查文章的完整性及进行字符校对

◉ 对照金字塔结构确认文章的内容是否存在矛盾的地方

确认用金字塔结构生成的文章和编写的文章的内容是否一致。养成习惯后，即使不用特意确认也可以保证其一致性。

而且，写作变得熟练之后，即使不需要创建金字塔结构也可以轻松地创建目录。

◉ 校对虚词、助动词的用法及词语的统一性

①是否一个句子中仅体现了一条信息

如果一篇文章写得内容过多就会变成难以理解的长篇文章。长篇文章要求读者具有高度的集中力来理解文章的内容。所以，一定要注意一个句子中仅体现一条信息的原则。必要时，句子之间使用连词。

所有的文章，其实就是大约40字的简短的句子的集合体。写文章时留意一下一个句子体现一条信息的原则，每写40字左右时标上句号。如果每个句子的字数控制在40字左右，那么主语和谓语会更突

校对并列型文章

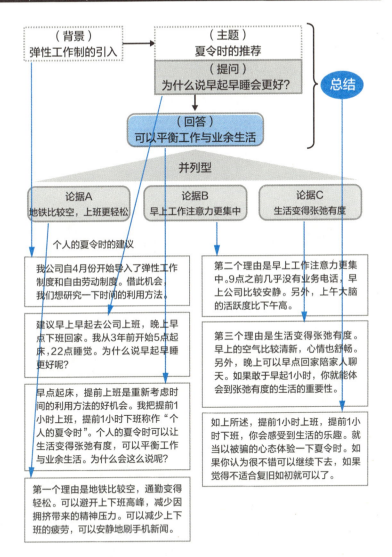

（背景）
弹性工作制的引入

（主题）
夏令时的推荐

（提问）
为什么说早起早睡会更好？

总结

（回答）
可以平衡工作与业余生活

并列型

论据A
地铁比较空，上班更轻松

论据B
早上工作注意力更集中

论据C
生活变得张弛有度

个人的夏令时的建议

我公司自4月份开始导入了弹性工作制度和自由劳动制度。借此机会，我们想研究一下时间的利用方法。

建议早上早点去公司上班，晚上早点下班回家。我从3年前开始5点起床，22点睡觉。为什么说早起早睡更好呢？

早点起床，提前上班是重新考虑时间的利用方法的好机会。我把提前1小时上班，提前1小时下班称作"个人的夏令时"。个人的夏令时可以让生活变得张弛有度，可以平衡工作与业余生活。为什么会这么说呢？

第一个理由是地铁比较空，通勤变得轻松。可以避开上下班高峰，减少因拥挤带来的精神压力。可以减少上下班的疲劳，可以安静地刷手机新闻。

第二个理由是早上工作注意力更集中。9点之前几乎没有业务电话，早上公司比较安静。另外，上午大脑的活跃度比下午高。

第三个理由是生活变得张弛有度。早上的空气比较清新，心情也舒畅。另外，晚上可以早点回家陪家人聊天。如果敢于早起1小时，你就能体会到张弛有度的生活的重要性。

如上所述，提前1小时上班，提前1小时下班，你会感受到生活的乐趣。就当以被骗的心态体验一下夏令时。如果你认为很不错可以继续下去，如果觉得不适合复旧如初就可以了。

● 确保与原始金字塔结构（单层结构）一致
● 检查是否有错别字、漏字、用语的统一性等

出，文章显得更有条理。

②检查文章中是否过度使用代词

商务文件与文学作品不同，需优先使用通俗易懂的词汇。如果过度使用"这个""那个""哪个"等代词，读者会感到混乱。因为，读者需要重新回顾前文或者需要重新阅读一遍。所以，为了让读者更清晰地理解文章内容，尽量少用代词。

③检查文章中是否使用了容易引起分歧的模糊的表达方式

尽量避免使用模糊的表达方式。模糊的表达会引起读者理解上的分歧，导致阻碍良好的沟通。举个例子，如"明天一早开会"，这种表达方式你觉得严谨吗？如果指的是一个公司的例会，那么也许大家都会理解。但是，如果是多个公司或者是不同部门开的会议，那么大家对"一早"这个词的理解是因人而异的。词语的统一性是非常重要的。所以，为了避免出现分歧，平时说话时就得注意不要使用容易引起分歧的词语。

校对解说型文章

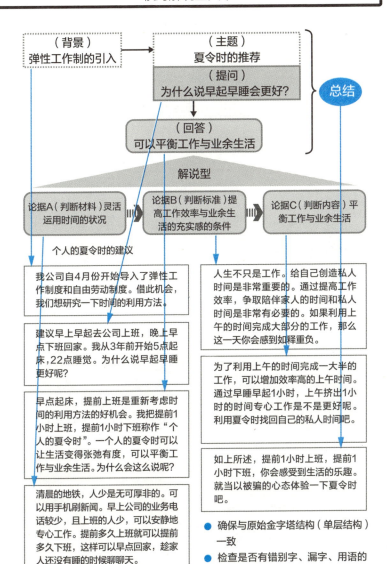

（背景）
弹性工作制的引入

（主题）
夏令时的推荐

（提问）
为什么说早起早睡会更好？

（回答）
可以平衡工作与业余生活

总结

解说型

论据A（判断材料）灵活运用时间的状况

论据B（判断标准）提高工作效率与业余生活的充实感的条件

论据C（判断内容）平衡工作与业余生活

个人的夏令时的建议

我公司自4月份开始导入了弹性工作制度和自由劳动制度。借此机会，我们想研究一下时间的利用方法。

建议早上早起去公司上班，晚上早点下班回家。我从3年前开始5点起床，22点睡觉。为什么说早起早睡更好呢？

早点起床，提前上班是重新考虑时间的利用方法的好机会。我把提前1小时上班，提前1小时下班称作"个人的夏令时"。一个人的夏令时可以让生活变得张弛有度，可以平衡工作与业余生活。为什么会这么说呢？

清晨的地铁，人少是无可厚非的。可以用手机刷新闻。早上公司的业务电话较少，且上班的人少，可以安静地专心工作。提前多久上班就可以提前多久下班，这样可以早点回家，趁家人还没有睡的时候聊聊天。

人生不只是工作。给自己创造私人时间是非常重要的。通过提高工作效率，争取陪伴家人的时间和私人时间是非常有必要的。如果利用上午的时间完成大部分的工作，那么这一天你会感到如释重负。

为了利用上午的时间完成一大半的工作，可以增加效率高的上午时间。通过早睡早起1小时，上午挤出1小时的时间专心工作是不是更好呢。利用夏令时找回自己的私人时间吧。

如上所述，提前1小时上班，提前1小时下班，你会感受到生活的乐趣。就当以被骗的心态体验一下夏令时吧。

● 确保与原始金字塔结构（单层结构）一致
● 检查是否有错别字、漏字、用语的统一性等

撰写公司内、外部文件

确保收件人、发送日期、发送人、标题格式的完整性

⬤ 撰写一篇公司内部文件——通知书

试着写一篇公司内部通知书吧。收件人、发件日期、发件人、标题是必须有的项目。人事/总务部等的正式文件，有时要求标注文件编号。另外，发件日期通常用两种格式，第一种格式是西历，另一种格式是和历（注：和历是日本的历法），具体用哪种格式根据公司不同。

接下来，我们以营销策划部门面向公司全体销售员工发出的"关于新销售管理系统的说明会"举办通知书为例，写一篇文章。前言的目的是吸引读者对通知书产生兴趣。重要的是让读者觉得与自己息息相关。

重要的信息一定要采用逐条列举的方式表述出来。将长文进行拆分，以说明的方式将拆分内容逐条表述出来就可以了。在重要的事项下面用下划线标记出来也是一个好办法。有时读者想主动联系作者确认疑问事项，所以要标明相关的部门及联系人姓名。

试着撰写一份公司内部文件

全体销售人员　　　　　　　　　　　　2019年7月5日

营销策划部　西村

关于举办"新销售管理系统的说明会"的通知

自去年以来我们一直在筹划的新销售管理系统将在10月下旬试运营。非常感谢各位积极参与需求调查工作及需求定义的工作。

在开展试运行之前，我们率先举行有关新销售管理系统的说明会。本次会议要求全体销售人员必须参加，望各位准时参加。

详细事项

1. 内　　　容：新销售管理系统的操作方法

2. 日　　　期：9月10日（星期二）

3. 地　　　点：公司20层的大会议室

4. 参 加 人 员：全体销售人员（含部长级领导）

5. 附　　　件：事先发放的资料

　（1）新销售管理系统的简介说明书

　（2）新销售管理系统的导入指南

　（3）操作手册

6. 不参加人员：无法在上述日期参会的人员，请提前与秘书办公室联系。

　　　　　　　※请勿擅自缺席。

以上

秘书办公室：营销策划部　西村（分机号：2233）

◉ 撰写一份对外的通知书

接下来试着写一份对外的文件吧。与公司内部文件不同之处是前言的分量。在前言中需体现背景、主题与提问以及回答的内容。另外，如果没有类似于"发件人是某某某"的介绍，那么对方可能会觉得发件人比较可疑。

尤其是发给多数人的对外文件上一定要说明发给收件人的目的、理由及经过。是从哪里得知的邮箱地址，一定要说出正当理由。随着个人信息保护法的实施，每个人的隐私保护意识比较高，如果是群发的邮件，会引起收件人的警戒心。

假设下一页示例中的作者是读者加入的悠悠球俱乐部的秘书长。在前言中就强调对于读者来说是一个非常有魅力的计划。

即使在前言中已提及相关内容，为慎重起见也要将重要的事项逐条列举出来。例如，前言中已提及免费参加的事宜，但是考虑到很多人会忽略前言，所以在详细内容里也要体现免费参加的字样。之所以没有在免费参加字样下面画下划线，就是为了避免"免费"字样喧宾夺主，反而遭到读者的质疑。

撰写一份对外文件

悠悠球俱乐部的全体成员　　　　　　　　　　2020年2月10日

悠悠生活株式会社

悠悠球俱乐部秘书长　渡边健太

关于《五一黄金周冲绳豪华渡轮之旅》的通知

敬启　　祝时下愈益康泰！（注：这是日语的写作格式，中文一般不用）

平素承蒙您格外关照，在此由衷地表示感谢。

我们将竭尽全力为正当壮年的俱乐部的全体会员创造更多的心灵与时间上的放松。

悠悠球俱乐部正在筹备2020年黄金周新计划，即冲绳豪华渡轮之旅。

通常黄金周期间各种预定都非常困难，价格高腾。我们悠悠球俱乐部以包场的形式攻克了种种问题。我相信价格肯定是大家都可以接受的合理价格。

请您阅读随附的宣传册。关于详细的说明我们按照下面的详细事项进行，说明会结束后可以享受我们准备的简单的自助餐。

说明会以及派对都是免费参加，望大家踊跃报名。

详细事项

标　　题：黄金周冲绳豪华渡轮之旅的说明会

日　　期：2020年3月14日（星期六）

　　　　　（1）16:00~17:30　说明会

　　　　　（2）17:30~19:00　自助餐派对

名　　额：300名

参加费用：免费（含说明会、自助餐派对）

会　　场：新宿塔酒店3层凤凰间

关于时间表、路线、申请规则请参考附件。期待大家的光临。

撰写报告书

创建模板，减少书写遗漏的风险

◉ 撰写一份出差报告

试着写一份出差报告吧。如果公司有指定的模板，那么就用模板写。没有模板时，很多人不知从何写起。这时，只要先写出都需要哪些事项，再结合事项的内容制作模板就可以了。用现成的模板写起来会更顺利一些。同时可以减少遗漏重要的事项的风险。

请参照下一页的出差报告的示例。上面设定了基本事项的栏，下面设定了附加资料的栏。正文中"1.目的与背景""2.实施内容""3.报告内容（成果）""4.特殊事项""5.今后的方针"等是通用性的项目。需要事先填写到项目栏里面。在"1.目的与背景"中阐明出差的必要性及其背景，再阐明出差的目的。在"2.实施内容"中填写具体落实的事实。可以按照时间顺序做具体描述，如从几点到几点都做了哪些工作，同时描述具体获得的成果。"4.特殊事项"是自由填写栏，可以记录注意事项、需关注的事项等。在"5.今后的方针"中填写达成目的后如何跟进，将具体的事项逐条列举出来。

撰写一份出差报告书

出差报告书		创建日期	2020年4月5日
出差 目的地	吉本压力机工业株式会社	地址	丰桥市
对方 联系人	质保部 部长　吉天昌应 检查课长　久道秀树	时间	4月2日 14：00~18：00
出差 人员	品质管理部　田中格二（主管） 设计部　村田秀夫（主管） 田村昌夫	创建人	品质管理部西村孝夫
目的	针对改进A产品零部件的耐久性的问题开展技术会议		

1. 目的与背景
　　我司针对A产品的市场反馈进行了全面分析，其结果是吉本压力机工业株式会社生产的零部件存在耐久性差的问题。为改进产品品质需要开展技术会议……（以下略）

2. 实施内容
　　（1）我司接到的投诉情况说明
　　……
　　（2）吉本压力机工业的生产工艺的说明
　　……
　　（3）工艺调查、询问工作人员了解情况
　　……
　　（4）查明原因、明确根本性对策
　　……

3. 报告内容（成果）
　　（1）主要原因
　　……
　　（2）对应方案
　　……

4. 特殊事项
　　……

5. 今后的方针
　　……

附加 资料	技术方案报告书　A产品投诉情况的分析表 零部件生产记录　公司介绍（吉本压力机工业株式会社）

⊙ 试着撰写一篇业务报告

接下来撰写一份业务报告书吧。将标题、目的、创建人等基本项目写在上面，下面设定附加资料的填写栏。正文中设定的几个大标题，如"1.目的与背景""2.实施内容""3.报告内容（成果）""4.特殊事项""5.今后的策略（执行对应方案的日程表）"等，都是通用性的项目。

文章尽量使用逐条列举的形式。详细的报告内容以附加资料的形式添加。写文章之前先创建最基本的目录。通过将标题分为2~3层，减少每层的文章字数，形成更容易阅读的文章。

撰写一份业务报告书

业务报告书		部长	主管	负责人
标题	关于B产品的市场调查报告及今后的方针			
收件人	业务部长、销售部长、销售主管	创建日期 创建人	2020年4月8日 销售部　香川飞马	
目的	为查明B产品销售低迷的原因进行了调查，预说明适当的对应方案			

1. 目的与背景
我司B产品在近三个月的时间，销量减少了20%。导致销量下降的……（以下略）

2．实施内容
　（1）市场调查的概述
　……
　（2）查明原因及应对方案会议的概述
　……

3. 报告内容（成果）
　（1）市场调查结果的概述
　……
　（2）销量低迷的主要原因
　……
　（3）讲述有效的应对方案
　……
　（4）实施应对方案所需的费用及投资回报率
　……

4. 特殊事项
　（1）投入新产品的必要性
　……
　（1）与竞争产品C的比较
　……

5. 今后的策略（执行应对方案的日程表）
　……

附加资料	B产品的调查报告书　　　　　B产品的营销方案书 B产品的改进方案说明

撰写策划书①对内篇

撰写内部文件时，因禀议事项较多，一般使用Word格式

⬤ 策划书（公司内部申请文件用）的利用场景与基本项目

思考一下如何做策划书。创建策划书时有时会犹豫使用Word格式还是PPT格式。如果是进行策划会议等需要做演示时建议用PPT格式，不需要会议等非正式场合一般使用Word格式。此外，写对内文件时，因禀议的情况较多，所以通常使用Word格式；对外文件一般都需要做演示，所以使用PPT格式比较普遍。

思考一下如何用Word格式创建策划书吧。先创建策划书的简易目录，如"1.背景""2.目的""3.目前的问题点""4.提案内容（1）概要（2）详细""5.预算及投资回报率""6.日程表""7.跟进部门及跟进体系""8.跟进时的注意事项""9.参考资料（附加资料）"。

策划书的目录可以参考使用在表达方式的章节中介绍的模板目录（请参考第159页的图表）。写对内策划书时，为了写得简练扼要、减少页数，一般用Word格式。

多次使用策划书的模板后，会发现自己变得很有创意。理解模板之后的自我发挥是进步的表现。如果最终能按照自我风格完成完整的

撰写策划书时使用 Word 格式还是 PPT 格式?

对内文件

**策划书

1.背景

2.目的

3.提案内容

4.跟进计划

5.跟进体系

Word

对外文件

**公司　公启

**策划书

**公司

PPT

示例: 用 Word 文档撰写策划书的简易目录

标题（主题名称）

1. 背景
2. 目的
3. 目前的问题点
4. 提案内容
　　（1）概要
　　（2）详细
5. 预算及投资回报率
6. 日程表
7. 跟进部门及跟进体系
8. 跟进时的注意事项
9. 参考资料（附加资料）

策划书，你就会感受到制作策划书的乐趣。

◉ 用Word创建策划书

接下来，我们用Word创建内部策划书吧。主题是"新商品的营销战略策划书"。

作为背景，我们提出一个问题，即新产品的销售低迷已波及这次推出的A产品。并强调面临的危机感，表示不能束之高阁。接着，提出彻底重建营销战略的必要性。

其次，作为目的列举出从硬性购买转变为顾客自愿购买的营销战略。根据需要，可以将目的的补充说明内容分项逐条写出来。

在目前的问题点中，列出了有关新产品销售低迷的当前状况的事实调查数据，并列举了从中获得的问题点。在提案内容中，提出该策划书将实现的内容。这是最重要的部分。

预算及投资回报率明确了该项目所需的成本以及执行该项目所获得的投资回报率。同时，要描述日程表、项目推进部门及项目推进体系、项目跟进中的注意事项。最后，如果有参考资料可以作为附件添加。

用 Word 创建公司内部的策划书

销售策划室　室长　　　　　　　　　　2020年4月16日

第三销售部　吉村五郎

新产品营销战略策划书

1. 背景

新产品的销售低迷已波及这次推出的A产品。如果不引起重视，我司的营业收益很难恢复。因此，在此提出彻底重建营销战略的必要性。

2. 目的

从硬性销售转变为顾客自愿购买的营销战略。

①重新审视从商品策划部门到销售部门联合起来的商品开发体系

②加强包括经销商在内的促销体系

③开拓新销售渠道

3. 目前的问题点

一直在努力加强营销力度，但是新产品的销售业绩并没有好转。下面列举了几个主要的问题点。

①市场营销战略不足，目标客户不够明确

②商品策划部门与销售部门没有做好协调工作

③销售渠道与10年前相比没有任何变化，没有开拓新渠道

④经销商的销售实力减弱……（以下略）

4. 提案内容

（1）策划的概要

……（省略）

（2）策划的详细内容

……（省略）

5. 预算及投资回报率

……（省略）

6. 日程表

……（省略）

7. 跟进部门及跟进体系

……（省略）

8. 跟进时的注意事项

……（省略）

9. 参考资料（附加资料）

……（省略）

283

撰写策划书②对外篇

提前把策划书的模板理解透彻

⬤ 演示用策划书的模板目录

如果充分理解演示策划书的模板目录，那么就会极大地缩短创建时间。在收集信息时，我们可以主要收集写策划书所需的信息。此外，如果先决定策划书的整体页数，就可以大致预估出每个标题对应写几页的内容。

策划书可以大致分为"1.导语""2.提出问题""3.设定主题""4.现状分析""5.提出策划方案""6.策划方案的评估""7.执行计划""8.附加信息"等8个模块。各个模块都有具体的标题。比如，设定主题的模块是由目的、达成的目标、对象范围、前提条件、限制条件等标题构成的。

演示策划书的模板目录请参照下一页。策划书中的5W2H信息的梳理离不开MECE分析法，这是标配。其中5W是指，What，Why，Where，Who，When。2H是指How to，How much。

策划书的模板目录（5W2H）

模块	目录的项目示例	备注
1.导语	● 封面 ● 前言 ● 目录	策划书的脸面 写出引起兴趣的文章 便于把握整体
2.提出问题	● 背景 ● 对现状的认知	究竟有什么必要（Why） 认知现状的问题点（Why）
3.设定主题	● 目的 ● 达成的目标 ● 对象范围 ● 前提条件 ● 限制条件	明确目标（What） 将目的再具体化（What） 明确对象范围（Where） 确认必要的前提条件 掌握限制条件的因素
4.现状分析	● 现状调查数据 ● 现状的问题点	附记调查的信息 明确现状的问题点
5.提出策划方案	● 策划的基本政策 ● 策划的整体结构 ● 策划的详细内容	明确解决方案的基本政策 提出整体解决方案（What） 提出解决方案的详细内容（What）
6.策划方案的评估	● 期待效果 ● 预算（费用） ● 投资回报率	是否可以达到有效的效果 需要多少预算（How much） 投资回报率是否理想
7.执行计划	● 作业计划 ● 日程表 ● 推广体系 ● 职责分工 ● 风险管理 ● 推广上的注意点	明确作业内容（How to） 明确日程表（When） 明确体系图（Who） 明确职责分工（Who） 切记注意点
8.附加信息	● 参考资料	根据需要添附参考资料

5W=What，Why，Where，Who，When
2H=How to，How much

◉ 学会用PPT创建策划书

模板目录中囊括了所有的项目。如果有不必要的标题可以删除一部分。也可以将多个项目总结在一起。如果充分理解了目录的模板，那么策划书的框架将会成为基盘。

下一页主要介绍的是写策划书的流程。第1–2张是导语模块，第1张是封面，第2张是目录。第3张是提出问题的模块，第4张是设定主题的模块，第5张是现状分析模块。第6–8张是提出策划方案的模块，第9张是评价策划方案的模块，第10–12张是执行策划模块。

以前遇到过很多人，一提起策划书他们就愁眉锁眼。问他们遇到了什么问题，他们的回答是虽然有内容，但是不知道怎么创建目录。看了一下以随便写写的心态做的策划书，果不其然作者遗漏了"目的"。我问他"这个策划书的目的是什么？"时，他是可以回答出来的，但是策划书的目录上却没体现。

我把模板目录给他看了一下，他像如鱼得水一般非常高兴地说："我终于能鼓起勇气写作了。"先掌握目录的模板，再以自己的风格完成的话，再完美不过了。

用 PPT 创建对外演示策划书

A株式会社　公启

新业务开发
策划书

2010年4月27日
**株式会社

策划书　目录

1.背景与现状意识
2.目的与达成的目标
3.对象范围
4.前提条件与限制条件的确认
5.市场调查及商业机会
6.策划的基本方针（理念）

7.新业务的方案（整体方案）
8.新业务的详细内容
9.投资额及收支计划
10.作业计划、日程表
11.跟进体系及职责分工
12.跟进时的注意事项

---

1. 背景与现状意识

为了继续发展现有业务，必须把具有持久性的新业务纳入视野

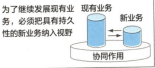

---

2. 目的与达成的目标

3. 对象范围

4. 前提条件与限制条件的确认

---

5. 市场调查及商业机会

---

6. 策划的基本方针（理念）

● 未来增长潜力大的领域
● 可加强主营业务

---

7. 新业务的推进方案（整体方案）

灵活运用互联网技术的广告代理店
加盟营销

---

8. 新业务的详细内容

广告商务
网购平台
与进口品牌商品的代理店签约

---

9. 投资额及收支计划

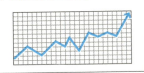

---

10. 作业计划、日程表

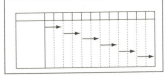

---

11. 跟进体系及职责分工

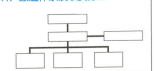

---

12. 跟进时的注意事项

（1）关于风险管理
（2）投资回报率
（3）评估执行可能性